窺命
20個與命運交手的啟發
劉謹銘 著

獻給愛妻　美玲

以及我們的三個寶貝　怡謙　靜謙　懷謙

序

人生的哪個瞬間，會讓你感受到命運的力量和個人的渺小？對我來說，當兵抽籤的那一刻，是我充分感受命運之力的時刻。而生平第一次看到風水先生，也是在當兵時，指揮官所延請的老師，沒想到，日後我也成爲風水師了。

回顧半生，有些事，有些人，在人生交會的片刻，不經意的改變了我的命運軌跡。讓我人到中年，突然從一個教授，轉行當起了命理師，更使我驚訝的是，這份潛質，早在我轉行的二十多年前，就已有人看出來了。而一次偶然的躲雨經驗，竟讓我找到指導教授，更不可思議的是，指導教授竟與我一年多前購買的龍魚有牽扯。這些看似巧合的人生經歷，卻令我感受到冥冥之中，某些人，某些事，似乎存在著難以言說的關聯。

人生總在你意想不到的地方，忽然地轉了個彎。只不過在還沒轉過這個彎之前，你無法看清轉彎後的景緻。

很多人相信人生的劇本早已寫好，自己無法偷看，只是照著劇本配合演出。而算命師就是透過術數替人偷看人生劇本的「窺命人」。

身爲窺命人，天天都在跟命運打交道，這讓我擁有許多新奇玄妙的經驗，也總結、沉殿出了不少想法。我堅信這些內容深具價值，所以迫不及待想要和大家分享，於是才有了《窺命》這本書。本書不想談理論，說主張，只有這些與命運擦身而過，所留下來的精彩故事。

不管你是宿命論者，還是主張意志自由，我相信只要能放下定見，眞正進入這些故事當中，細細品味，一定能有新的啟發，引領你從全新的視角，重新看待自己的人生命運。

目×錄

序 6
第一章 冥冥之中
故事的下集 12
夢幻逸品 24
道聽塗說 43
風水奇譚 52
第二章 天機難測
人算天算 68
緣分 78
天機 86
算錯 96
天意 109

第三章　大千世界

萬靈丹　138
合婚　154
回馬槍　163
雙胞胎　172
博弈　183
親愛的小孩　193

第四章　意料之外

道岔　208
剖腹　220
籤運　235
仙姑　247
轉向　257

第一章

冥冥之中

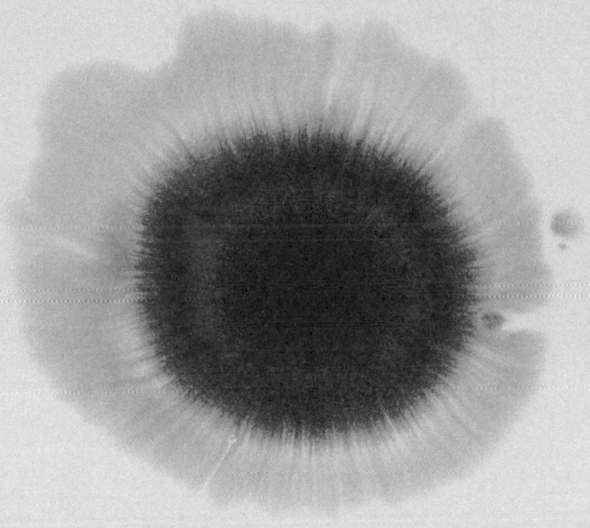

故事的下集

五月天，在連續下了幾天的梅雨之後，今天終於放晴。

我在三樓書房看了一會兒書，正想著要泡壺普洱茶放鬆一下。今天想喝入倉的下關鐵餅，於是我打開茶甕取茶，卻發現甕裡只剩茶屑了，這款茶一樓應該還有。我該換泡別款茶還是下樓去拿呢？思索了幾秒之後，我走了下樓。正因如此，讓我喝到下關茶之餘，剛好趕上了這個隱藏了二十多年的故事。

下樓取了茶，正要轉身上樓時，我聽到「嘎嚓」一聲，門打開，原來是住在同一條巷子的外婆，拄著拐杖，「科登，科登」緩緩走了進來，我叫了聲「阿婆」（客語）後，扶她在椅子上坐下。她是來找母親串門子，但這樣一來，我也不便立即離開，反正客廳也有茶具，於是倒水煮茶，就一起留下，陪著外婆與母親閒話家常了。這是我轉行當算命師的第一年，三人正閒聊間，聽到不遠處管樂齊奏「驪歌」。又有人要出殯了，今天肯定是個好日子。

樓下泡茶比較隨興，沒有鐵壺，只有隨手泡電熱水壺，想泡的隨興點，於是就選了一把文革紫泥的紫砂壺，就不用逼熱強勁的朱泥壺了，以免差個幾秒，導致茶湯太苦。不多久，隨手泡電熱水壺的水開了，水蒸氣散了開來，我秤好茶備用。先將半杯水倒入紫砂壺中，再用熱水漸進式的把壺溫好，將水倒出，把事先秤好的茶塊置入壺中，沖入熱水，再將第一泡倒出，淋於壺面，打開壺蓋，嗅聞到微微的港倉味，接著，第二次注水，倒入公杯，再把泡好的茶，送至母親與外婆面前。

「試試看，普洱茶。」我說完喝了一口，只覺在傳統的下關煙燻味中，有著不錯的馨香，初一入喉，略感苦味，接著，苦味漸退，茶的甜韻逐漸顯現，沒什麼澀感，苦後的回甘有勁且持久。

「我怕喝了會睡不著，那天去里長家，才喝了二小杯，害我整個晚上都睡不著。」母親說。

「聽說普洱茶不錯，蠻養生的，今天有機會就來試試。」外婆一邊說一邊端起杯子喝茶。

聽到外婆這麼說，於是母親也拿起了茶杯，快到嘴邊時：「我看還是不要喝好了。」只見她將杯子又放了回去。接著說：「祥叔真是好福氣呢，連續下了那麼多天雨，今天要出門，太陽就出來了。」

原來，今天出殯的主角，是母親的宗親，以輩分來論，母親要稱呼他一聲叔叔。這個叔叔以算命爲業，可以說是這附近鄉鎮，老一輩中，最出名的算命師。

「年紀輕輕就出名了，一直到退休，生意都很不錯，靠算命拉拔一群兒女之外，聽人說，還置產了好幾處呢，這一生，也算是過得不錯了。」外婆說。

「是啊。」母親說。

「那是烏龍茶，咖啡因較高。這是普洱茶，不一樣。況且我這下關鐵餅入過香港倉，加上茶齡已近二十年了，很溫和的，喝了不會睡不著啦。」我向母親解釋並再次幫外婆倒茶。

「是啊，難得有機會就要試試，就算睡不著，也是難得的經驗，而且還蠻好喝的呢。泡好好請你喝，妳不要那麼難伺候好不好？」外婆說。

聽到外婆這麼說，母親再次拿起杯子想喝茶，抿了一口，將茶杯放回原處。我看茶湯並未減少，心裡覺得好笑，活到六十多歲，被媽媽唸了幾句，還是得作勢配合一下。兩人對看了一眼，我就不再爲她添茶了。

「他能夠出名不是沒有道理的，阿銘的事，他很早就看出來了。」外婆說。

「是啊。」

聽見回話，我望向母親說：「叔公看出我的什麼事？我怎麼不記得有這回事？」

此時，聽到不遠處「驪歌」奏畢，送葬的隊伍正要啟行。

聽我這麼問，母親再次講述了那個，我聽了好幾次的故事。那一年，我的弟弟參加大學聯考，結果名落孫山，母親爲了這個小兒子的前途發愁，經過幾天的思量後，她忽然心生一計，於是，帶著兒子的八字命盤，去找這個算命叔公指點迷津。只不過，我所聽過的部分只是上集。原來，這個故事，還有我從未聽過的「下集」。

時間回到二十多年前，那年，弟弟聯考失利，一間大學都沒考上（那時全國只有十多所大學，與現在不能相比。）母親思索十多天後，終於在某天的晚上，找了我們二兄弟，坐了下來，想好好談談此事。

「對於將來，你自己有沒有什麼打算？」母親對著弟弟說。弟弟茫然的搖了搖頭。

「要不就花錢讓他補習，一年後再重考。」我說。

「這可是一大筆錢呢。問題是，考這種成績，距離錄取分數那麼多，就算再補一年，你有把握明年能考上嗎？」母親對著弟弟說，他雙手抱胸，眼睛盯著地板，歎了口氣，沉默不語。

「早知道就該讓你去學手藝，但現在講這個太遲了。讀書多年，肩不能挑，手不能提，要叫你去做工恐怕都沒辦法。你有沒有聽人說過『小小生意贏做工』？照我看，學著做生意好了。」

「我們家又不是做生意的，要做什麼生意？」我說。

「我們這裡離早市很近，鄰居也有不少人在市場做生意。只要你願意，先去做夥計，既可以有薪水，又可以跟著老板學習，幾年之後，就能獨當一面，自己當老板了。」她停頓了一會繼續說：「又或者，有些做生意的鄰居年紀比較大，而且沒有兒子接手，幾年之後，等他退休了，你就可以頂下來繼續做。依我看，這樣最理想了。」

「這個主意好像不錯，做什麼生意好呢？」我故意這麼問。以我對母親的了解，我想她心中肯定已有腹案。

「市場裡賣豬肉的、賣菜的，還有賣貢丸的，年紀都不小了，這些人都沒有兒子要接手，尤其是賣豬肉的已經超過六十歲了。這些人當中，賣豬肉的最賺錢，聽說他幫三個兒子，一人買了一棟房子，你看怎麼樣？」

「聽起來不錯。」我想的果然沒錯，她早已打聽得清清楚楚了。

「賣豬肉是最理想的，賺得最多，只是辛苦了些，半夜一點左右就得出發去新竹批貨。批貨回來之後，就要開始分割作業，趕著最早五點就上門的客人。」

「你覺得怎麼樣？」我轉頭問弟弟，他依舊沉默。

「我是覺得賣豬肉的最好啦，最賺錢。如果你覺得太辛苦，那就賣菜或是賣貢丸也行，批貨的地點就在本地，四點起床就行，只是賺得就沒那麼多了。你看看，想選哪樣生意來做？」遲遲等不到兒子的回答後，她說：「對於未來，你總要表示點意見啊。」

「要那麼早起床喔？我怕我起不來耶？」

「書讀不來，又怕辛苦，將來看要怎麼辦？誰叫你不好好讀書，考了個這種成績。再花錢重考，我看也是打水漂。」

「對啦，我讀書不夠認眞，考不好我也很抱歉，難道人生就因爲一次考試失敗，我就連好好睡個覺都不行了嗎？」

「不然你想要怎麼樣，你倒是說說看啊？」母親說完後，靜默了好一陣子。

「不急著做決定，事緩則圓嘛。」我看氣氛凝重，試著打圓場：「大家再想想，有沒有更好的、大家都能接受的方案。」

「這也不行，那也不要，又要馬兒肥，又要馬兒不吃草，天底下哪有這麼便宜的事。」

「最少要讓我能睡飽，其它我沒意見。」弟弟說完後，現場又陷入了沉默。

不知過了多久，母親終於再次開口：「那你覺得當算命師怎麼樣？」

「這個好，睡飽絕對沒問題，而且沒有做生意的那麼辛苦。」我說。

「這個我還能接受。」弟弟想了想之後說。

「還能接受？你想得太簡單了，問題是人家肯不肯？街上那位有名的算命師，是我的叔叔，我們這間房子的風水佈局，還是他處理的呢。他如果肯收你做徒弟，那是求之不得的事。就不知道他有沒有兒子會接手？不知道他肯不肯收你做徒弟？過幾天，我再去懇求他看看。」

「阿叔（客語）啊，今天又要來拜託您了。」

祥叔順手遞給我一杯茶：「有什麼事，慢慢說。」

「要麻煩阿叔，看看我這個小兒子的八字，指點指點。」

「我看看。」只見他戴上老花眼鏡，再三仔細核對出生資料，翻開那本邊緣破損的萬年曆，將出生時間轉換成八字，一筆一畫，寫在紅色的命書上之後，仔細推敲斟酌。

「這個小孩一向波折比較多，尤其今年，可以說是流年不利啊。」祥叔劈頭便說。

「叔叔說得很對，這個小孩從小難養，一向波折比較多，今年大學聯考沒考上，現在前途茫茫，要請您指示一條明路。」接著，祥叔向我分析小兒子的命盤，一來一往，解開我不少的疑惑。眼看著算命已進入尾聲，我向祥叔提出了此行最重要的要求。

「阿叔，讓我拜託您一件事好不好？」

「有什麼事，妳說說看？能夠做得到，阿叔一定盡力幫忙。」

「阿叔啊，我的情形，想必您也是知道的，我一個人獨力拉拔這三個孩子長大，過程實在是非常辛苦。」

「是，我了解，妳非常不簡單。不過總算熬過來了，小兒子都要二十歲了，眼看著就要苦盡甘來了。」

「還早呢，肩頭的擔子還重著呢，最少得等到三個兒子都娶媳婦了，才算功德圓滿。尤其是我這小兒子，最讓我煩惱，這些天爲了他的事，可以說是寢食難安啊。能不能懇求叔叔，收他做徒弟，教他算命風水，讓他有一技之長，日後可以謀生。我這個小孩很乖，很聽話，我保證他一定好好學習，不會讓阿叔失望。」我一股腦兒把想說的話都說了。

「原來是這樣啊，來，我再仔細看看他的八字。」祥叔說。

琢磨了幾分鐘之後，祥叔說：「老實跟妳說，不是我不肯幫這個忙，實在是這個八字的問題。他縱使願意好好學，我也不藏私，盡全力教，恐怕也難以成材啊。這個八字要學算命風水，資質不夠，別說要闖出名堂，恐怕最後連養家餬口都成問題。依我看，妳再辛苦幾年，還是讓他好好去讀書吧。」

聽了叔叔的這一番話，我心裡一陣涼，只好打消要小兒子拜師學藝的念頭了。

此時，送葬的隊伍，剛好行經路口，透過喇叭放送的音樂，音量大到足以淹沒說話的聲音，母親只好暫且停住，我趁機再替外婆倒茶，自己也倒了一杯，在等待的時候，二人靜靜的喝著茶。送葬的隊伍通過路口後，她接著說起了有關於我的內容。而這部分，是我從未聽過的。

「其實，那天，我是帶著二個兒子的八字，去找叔叔算命的。我心裡想，既然都去了，就順便了解一下，也看看大兒子有哪些需要小心的災劫。我當天先算了小兒子，再算你的八字。不料就在快要結束時，祥叔主動提起這件事。」

「妳這個大兒子，如果願意學算命風水，我倒是願意收他爲徒。」祥叔說。

「阿叔啊，您有所不知，我這個兒子是師範公費生，他已經有出路了。」

「這個八字是個好材料，來學算命風水，肯定能學得快，學得好。妳要不要考慮考慮？也許他不排斥再學一門技藝，妳要不要回去問看看他的意願？我再幾年也要退休了，就讓他當我最後的弟子吧？」

「不可能。阿叔，他將來出了學校，就會分發到小學，一輩子吃公家飯了。」說完道謝後，拿出了紅包遞了過去。

我喝了一杯茶之後，再把外婆和我的茶杯倒滿茶。

「妳母親回來後跟我說『豬不肥肥到狗』（客家諺語），寄以厚望的孩子他不肯收，不想拜師的孩子卻想要收做徒弟。」外婆說。

「這部分我爲什麼從來沒聽妳們說過？」

「你一向讀書順利，工作又穩定。妳母親瞞著你，就是是怕節外生枝。」

「難怪了，當初我費了好大的勁，打聽到龍潭的市場，有人在賣占卜用的龜殼，妳還勸我不要去。小孩出生，算了命回來，我爲了要理解命書上的內容，買了幾本八字書回來研究，妳還潑我冷水，說這些問題應該交給專業老師，不要學了個半桶水，亂判斷一通。原來，這些舉動，都是在防止我眞的往算命師的路上走。」我對著母親說。

「唉，這一路走來，我看著你讀完師範學院，分發到小學教書。接著去讀研究所，最後還拿到博士學位，到大專院校當教授。那幾年，我偶爾還會跟你外婆提起這件事，把它當成玩笑話看。可萬萬沒想到，你縱使已經當了教授，竟然還是對算命風水感興趣，人生繞了好大一圈，你最後居然會放棄大專教職，選擇要當一個算命師。看來，命運眞是不可思議，祥叔當日的話，還是應驗了。」

「看來，很多事情，只能說冥冥中自有定數，他能成名這麼多年，肯定是有眞本事的。」外婆說。

送葬的隊伍，從路口走了不久後，拐了二個彎，逕自往山上去了，我只聽到「千山我獨行，不必相送。啊……啊，啊……啊，獨行，不必相送。」的音樂，漸行漸遠。

夢幻逸品

「妳看看，很美吧？」我翻開剛買的龍魚書給太太看。

「確實很漂亮，你又想幹嘛？」太太說。

「朋友家裡剛好有一個六尺魚缸不要了，我想搬過來養龍魚。」

「我就知道。可是，看這龍魚這麼漂亮，應該不便宜吧？」

「精品的不說，以看得上眼的龍魚來說，價格大概落在三到六萬元之間吧。」

「什麼？那麼貴喔？你碩士班已經留職停薪三年了，剛上博士班，往返台北的交通費用增加，小孩又剛出生，現在正是需要用錢的時候，實在沒有多餘的預算再養龍魚，等一陣子再說吧。」被潑了一盆冷水，心裡當然不好受，但想想她說的也有道理，無奈之下，也只能暫時打消養龍魚的念頭了。

時逢千禧年，正值台灣流行養龍魚。我也在這年考上博士班，由於考試成績優異，拿到了華岡獎學金，爲數不少，有四萬五千元。有了這筆額外的獎金，太太也就不再反對了。於是，我搬回了六尺魚缸，也搭上了這股龍魚熱潮。

養魚必須先養水。養水經過一週之後，我四處逛水族館，找尋我心目中的夢幻逸品。由於龍魚價值不斐，從數萬元到數十萬都有，因此，每家水族館的龍魚數量都不多。於是我突發奇想，如果能親自到批發商那兒，不僅批發的價格會比水族館低，更重要的是，一定會有比較多的龍魚，可以供我挑選。

大型的水族量販店，肯定不好下手，於是我鎖定了個人經營的水族館洽詢。由於價格的關係，在頭份竹南地區，只有二間個人經營的水族館，有販賣龍魚。位於竹南的那間店，只有三條龍魚，且品質普通。

「老板，請問你的龍魚是自己去漁場挑選的嗎？」

老板邊抽煙，邊牽著水管，在幫魚換水：「不是，我店中所有的魚，都是從台南漁場來的。我平常比較忙，都是由經銷商，替我挑了送過來的。」得知答案後，不好意思空手而回，於是買了瓶水質穩定劑才離開。

另一家水族館，位於頭份，店裡有六隻十幾公分的小龍魚，價格落在二萬多到四萬之間，以這個價格來看，品質倒是不錯，像是精心挑選過的。於是，我刻意在龍魚缸前駐足良久，仔細觀察這幾隻龍魚。果然，過了一會兒，挺著啤酒肚，穿著黃色運動衣，藍色長褲的老板，嘴裡嚼著檳榔，從泡茶桌上起身，腳著藍白拖，慢慢走了過來。老板的長短腳很明顯，我的眼餘光看著他，一高一低，慢慢地走了過來。

「看看，有沒有喜歡的？」

「老板，你的龍魚品質都不錯喔。」

「嘿嘿，這都是我們自己去漁場挑選的，品質當然沒話說。」

「你們都是去那裡挑選龍魚？品質穩不穩？」

「漁場在台北，我們都是自己開車去挑魚。說到龍魚，這種東西不一定，一批一批之間，差異性蠻大的。也有的時候品質很好，但是價格太高，不好賣。有時價格不錯，但品質欠佳，這些情形都有，不一定啦。不管如何，只要是我們看了不喜歡，我們就不捉。重點是要把關好品質，才能給客戶最優的龍魚啊，你說對不對？」

「對對對，老板你說得對，難怪你店裡的龍魚品質都很好。」

「每次去台北挑魚的時候，都有很多龍魚可以挑嗎？」我趁著老板聽到我的稱讚笑開懷的時候說。

「要看產季，還有東南亞那邊的出貨狀況，因爲每個進貨商，都有固定合作的龍魚養殖場，所以批發漁場的數量不一定。嗯，這個齁，我的經驗是，少的時候差不多一百隻左右，多的時候將有三百多隻。反正看了不喜歡，我們就不捉嘛。」

接下來，我告訴他確實有計劃要養龍魚，家裡有一個六尺缸，並且已經養水一段時間了。老板一聽有機會賣出他的龍魚，臉上堆滿了笑容。話匣子一打開，他開始傳授我一些養龍魚的眉角，還打開他龍魚缸下方的門，讓我看看底部缸的過濾系統，說著說著，老板的手勢也多了起來，就這樣，他足足講了快二十分鐘。我感覺，時機差不多了。

「老板，這樣好不好？我付給你佣金，下次要去漁場時，你帶上我，一起去挑龍魚，這樣可以嗎？」

「不行啦，這樣會破壞規矩啦。」接著他花了些時間，向我解釋觀賞魚的上、中、下游，以及經營水族館的種種困難。

「要不這樣啦，看你喜歡哪一隻，我算你便宜點啦。」面對他的提議，我不想接受。僵持了幾分鐘後，一個念頭突然在腦中閃過。

「老板，我想要養藍底過背，你店裡沒有這品種的龍魚。」

「紅色的龍魚比較喜氣，大家比較喜歡啦。我這幾隻都很棒，長大以後體態一定很美。」說話間，他把口中的檳榔吐進塑膠杯中，隨手點起了一根煙。

「紅色系龍魚比較討喜，你的魚確實也不錯。但是，我還是比較喜歡藍底過背。那種藍紫色非常迷人呢。」

「不然這樣，我下次去台北，挑一隻藍底過背給你，保證品質優良啦。但是，藍底過背的價格蠻高的喔。」

「可是，老板，各人眼光不同，如果你挑回來的魚我不喜歡，那怎麼辦？」

「這樣喔。嗯，應該不會吧？」

「這很難說，到時萬一產生糾紛就不好了。反正錢還是給你賺，你帶我去挑，這樣比較保險啦。」

就這樣，二人來來回回磨了十多分鐘，老板終於點頭。他並訂下二條規矩：

「第一，如果我挑的龍魚，價格低於三萬五，要付他三千元，如果超過三萬五，則要付他五千元佣金。第二，不管現場有幾隻龍魚，滿不滿意，帶去了就一定得買。」

「佣金沒問題，當天我保證絕對不會空手而回。」我說。

於是，我們約定週六早上八點半出發，如此一來，可以在午飯前趕回頭份。因爲老板要顧店等問題，到台北挑魚的工作，一向是由其它股東執行。當天早上，老板遞給股東陳先生一張採購清單，連同我要挑龍魚的事，一併交待陳先生。

陳先生約莫四十歲，一米八左右的瘦高體形，平頭，眼凹很深，皮膚稍黑，他右邊的犬齒特別長，合嘴時犬齒稍稍露在外面，看上去，就好似嘴巴一直都沒有閉起來過，他偶爾會用下唇蓋過犬齒，這表情又似不高興的噘嘴。他開一輛舊型銀灰色雅哥，右邊有擦傷，左後方有撞擊痕跡，都只用銀色鐵樂士噴漆遮蓋。陳先生並不健談，也不愛養魚，所以一路上，兩人幾乎沒有什麼交談，我想是怕尷尬吧？最後他索性打開音樂，一首接著一首，播放著台語老歌。他的煙癮不小，不到七十分鐘的路程，他抽了四枝白長壽，這一趟路程，肯定是我這幾年，吸最多二手煙的一次經歷了。

車子走國道一號，下濱江交流道後，繼續走濱江街，經過松山機場，接著走民權東路五段，然後往南轉進巷子裡，陳先生熟門熟路，不多久，已找到地方把車停好。

「等一下你不用說話，態度客氣，其它一切交給我，你只要配合我的話點頭就好。」

「好。」

陳先生領著我，走進一間華廈後，逕直往下走。出乎意料，漁場竟隱身在一棟大樓的地下室。打開地下室的門，迎面而來一個年輕人，體格中等，略見肌肉，臉上微見汗珠。他身穿藍色背心，棕色短褲，踩著夾腳拖，半身的刺青，彷彿背心底下，還有一件短袖上衣，刺青圖案看起來像是日本戰國時代的武士。他肩上掛著毛巾，過來招呼。

「陳董仔，今天又來抓魚喔。這位是？」

「是啦，詹仔，這位是我的外甥，也是我們的股東之一，他想要養龍魚，我今天順便帶他來挑龍魚。」

「這樣不好啦，陳仔，打壞規矩，等會兒害我被唸。」

「袂啦，這麼早，沒什麼人客，你頭家嘛膴那麼早來，無要緊啦。」他拿出了香煙爲對方點上，並塞了一包檳榔到詹仔懷中。

「恁自己去揀，動作要快點，我要去忙了，後擺毋湯按呢啦。」

「一定。我們動作很快。」陳先生吩咐我儘快，接著就忙著去挑他自己的魚了。

由於時間尚早，除了我們，現場只有一、二位客人。放眼望去，只見地下室整齊排列著爲數衆多的大型魚缸，魚缸用角鋼支撐，每一座架子由上到下，一共有四個大魚缸，魚缸上都有明碼標價，批發價果然比水族館的售價，低了不少。現場燈光明亮，四周牆上裝了不少電扇，左右擺動著，擺動時，發出吱吱的磨擦聲。空氣有點悶，溫度也比外面高了幾度。地上溼漉漉的，角落還堆著一大堆待丟棄的髒白棉，以及今早撈起的死魚，空氣中瀰漫著魚屍和排泄物混雜的腥臭悶濕味。除了詹仔，還有另外四個跟他一樣，穿著背心短褲拖鞋，肩上披著毛巾的年輕人，拿著彎管，熟練地操作著，一邊把舊水抽掉，一邊將新水導入魚缸。不到半小時，陳先生挑好，並打包了老板交待他買的十幾袋的魚，示意我差不多該走了。

「我要這隻藍底過背。噢，還有旁邊那隻藍月光斑馬。」出乎意料多了一隻魚，陳先生瞪大眼瞅了我一下，沒有出聲。

這是新加坡仟湖魚場出品，名爲「彤艷」的藍底過背，身長十三公分，批發售價四萬五千元。只見詹仔熟練地抓魚，拿出掃描器，對著龍魚的背部，龍魚編號馬上就顯示在屏幕上，他示意我們核對龍魚證書上的編號，確認無誤後，手腳俐落地把二隻魚分開打包好，連同龍魚的證書，一併交給了我。

回到水族館，付了五千元佣金，趕快載著龍魚，回家，對水，下缸。龍魚在燈光之下，靜靜的悠遊著，我看著魚，心中感到無比滿足。

轉眼間，龍魚已經長到二十四公分左右了，它泛著藍光的鱗片，益發明顯。

這時，博士班也已經二年級了。

鐘聲響起，授課的楊老師說：「下週負責報告的同學是哪位？」只見下週報告的陳姓女同學舉起手回答：「老師，下週輪到我報告。」

楊老師點點頭說：「好。今天的報告太短了些，下次報告的內容還得再豐富點，記得要及早準備，今天的課上到這裡，我們下星期見。」大家異口同聲：「好的，老師再見。」

「你們指導教授找好了嗎？」老師離開後，謝姓同學問。

「我就找碩士班的指導教授，繼續指導我的博士論文。」魏姓女同學說。聽她這樣說，謝姓同學也說：「我也是。」另一位馮姓女同學則說：「我已經找到系上老師指導了。」曾姓同學說：「我也是找系上的老師指導。」

「哇，大家都這麼快就搞定，只剩下我還沒找到指導教授，看來得要加把勁了。」我說。

「想要省事，就直接找碩士班的指導老師好了。」謝同學說。

「這恐怕沒辦法，我碩士論文研究的是西洋哲學專題，博士論文想寫易學領域，碩士班老師沒有易學背景，沒辦法繼續指導我。」

「那系上教易學的李老師呢？」馮姓女同學說。

「我看過他寫的文章，不太認同，所以暫時不考慮他。」我說。

原本就爲了該找誰當指導教授的事發愁，這件事不趕緊解決，勢必會拖延後續的進程，跟同學交流之後，心中不由得更焦慮了。

這是十月份的一個週二下午，三點多，剛上完佛學課，收拾好東西，向同學告別後，準備回到步行約二十多分鐘的租屋處。走出學校不到五分鐘，突然「噠、噠、噠」落下了大雨滴，不一會兒就「嘩啦、嘩啦」下起了暴雨，遇上這種雨，我只能抓起背包頂在頭上，在雨中發足狂奔。雨實在下得太大，照這種情形，不只我成了落湯雞，帆布背包裡的書恐怕都得遭殃。想起了美食廣場的對面，有一家小書局，就先跑進去，暫且躲雨吧。

「老板好。」我跑進書店，向老板點頭致意。他也點了點頭：「你好。」他大概也知道我是進來避雨的吧？

書局占地很小，約莫只有三點五坪，店裡一大半的面積，放著各科系的參考用書，爲學生訂購上課用書，是老板的主要生意來源，一小半的面積，則是擺著電腦書籍與相關產品，文史哲方面的書，只剩下角落那一小櫃，估計是因爲多年賣不出去，不得已才留下的。我走到那個角落，隨手抓起書來，只爲了消磨躲雨的時光。但文史哲方面的書，實在少得可憐，且大都引不起我的興趣，我只希望雨能快點停。

陽明山的午後，最近常常下起這樣的雨，但今天這場雨，下得特別久。等待的時光實在有點無聊，我的目光在室內外四處游移，忽然間，瞥見這個角落小櫃頂上，橫擺著一本書，用毛筆手寫著書名與作者「大易哲學論高懷民著」。

「老板，麻煩跟你借個凳子。」老板應了聲「好」，替我搬了張凳子過來。我站上去將「大易哲學論」拿了下來，這本書不知在這個櫃子上躲了多少年，書上面布滿了灰塵和蜘蛛絲。

「來，這抹布給你擦擦。」老板見狀，遞上了抹布。「謝謝。」我接手抹布後，撣去書皮上歲月遺留的痕跡，打開書，一股霉味鑽進鼻子。六百頁的書，又是十六開本，拿著頗有分量，站久了感覺有點疲累，索性就坐在的椅子上，一頁接著一頁看起書來。

我拿著書問：「這本書多少錢。」老板接過書，翻開內頁：「五百塊。」

「噢。」我繼續看著書。

「如果你想要，便宜賣給你啦。」過了幾分鐘，老板主動說。

「多少錢？」

「三百五就好。」

「好，我買下來。」說完掏出了錢包付了錢。

我看向外面，原來雨早已停了。七折價。估計我若把書放回去，老板肯定會再降價。因爲，找錢時，老板的笑容沒停過，他應該沒想到在一個下雨的午後，能把這本不知擺了多少年的書賣出去吧？

走出書店，陽光普照，空氣中混雜著溼泥巴味，躲雨的鳥雀，都出來覓食了，各種鳥鳴婉轉悅耳。水氣蒸騰，遠方的山頭飄散著山嵐，煞是好看。找指導教授的事，也就在這時透出了光。

花了數天，仔細研讀完「大易哲學論」後，更加確定心中的想法。由於高老師的很多著作，都已絕版。於是，我跑了一趟光華商場的舊書攤。那時的光華商場，很多攤位都已轉行，以販賣情色光碟與電腦週邊商品爲大宗，賣舊書的只剩下三成左右。很幸運的，我買到了高老師的「先秦易學史」、「兩漢易學史」，以及「宋元明易學史」。

讀了這些著作之後，我便下定了決心，要找高老師擔任我的博士論文指導教授。隔天，我上哲學所辦公室，找助教陳小姐，想了解找校外專家指導論文的相關規定。

「只要確定是你研究相關主題的專家都可以。但如果對方是副教授以下，甚至這個專家沒有相關學位，就得由『博士審查委員會』開會決議，審查相關資格。委員會是由文學院十個科系的系主任擔任委員。」陳小姐說。

「我想請高懷民老師指導。」

「噢，高老師啊，他是正教授，資格上一定沒有問題。只不過……。」

「還有其它問題嗎？」

「你跟他熟嗎？」

「完全不認識誒。」

「他已經七十多歲，退休很多年了。你又不認識他，這恐怕不容易喲。」

「不管如何，我想努力看看。」

「只要他願意擔任你的指導教授就可以。要請你麻煩高老師簽同意書。」

說完，陳小姐拉開門口置放文件的櫃子，拿出了教授指導同意書，遞給我。

接下來的難題是，我並不認識高老師，要如何能聯繫上高老師，並讓他答應當我的指導教授呢？沒辦法，我只好趁每堂課上課，老師還沒進教室前，當眾說明此事。我這學期總共修了四門課，分別是莊子哲學研究、佛學專題研究、宋明理學研究，以及形上美學研究。

「各位學長姐和同學，請問有沒有人認識高懷民老師，我想和他聯絡，請他當我的指導教授。」

「你可以先打個電話說明來意，然後買個水果當伴手禮，直接去拜訪他，高老師人很好的。」曾姓學長與我一同修形上美學的課，他在華梵當助教，幾年前舉辦學術會議時，曾邀請高老師參加。我懇請他幫忙，他欣然答應回去找找聯絡資料。

「各位學長姐和同學，請問有沒有人認識高懷民老師，我想和他聯絡，請他當我的指導教授。」我上不同的課，都上台說一次。

「高老師是我碩士論文的指導老師，你想找高老師指導，我回去找找資料，高老師人很和氣，我也好多年沒有去看望老師了，你需要的話，我陪你一起去拜訪他。」他是在職生，約莫五十歲，與我同屆，和我一起修佛學專題研究的課，他恰好也姓曾。聽他這麼說，我彷彿吃了定心丸，再三拜託他一定要幫我這個忙。

又過了一個禮拜，曾姓學長告訴我，他回家找了幾天資料，無奈就是找不到。我還是感謝他的幫忙。心裡盤算著，找曾同學一起去拜訪高老師最好，畢竟他是高老師的指導學生，可以為我敲敲邊鼓，勝算肯定能大點。

「同學，不好意思，回家找了好久，還是找不到高老師的聯絡電話。」曾同學說。

「怎麼會這樣？能不能再請你找找看。」

「我找了好多遍了，應該是找不到了，我是民國七十四年拿到學位的，畢竟那已經是二十年前的事了，這中間我搬了二次家，估計是搬家時遺失了吧。」

「高老師目前在那所大學教書？或許可以打到他辦公室去。」

「高老師年紀七十多歲了，照理說應該早已退休。」

「既然這樣，我只好另外想辦法了。到時候如果能聯繫上，還要麻煩你陪我跑一趟，一起去拜訪高老師。」

「一定一定。」

連續被潑了二桶冷水，心情盪到了谷底。努力了多日，依舊看不見曙光。

這天，又是星期二，我上完莊子哲學研究的課，草草吃過午餐，等待著下午一點的佛學專題研究課。今天非常悶熱，尤其中午時分，空氣似乎不再流動，令人昏昏欲睡。只好到圖書館去，找張舒服的沙發坐下，吹吹冷氣。進到圖書館才發現，沙發都被人佔滿了。既然都來了，只能想辦法打發時間，搭上電梯，信步走到存放博士論文的櫃子，想看看這些現在已經是大學教授的學長姐們，當時的博士論文寫得如何？

隨意翻看了幾本之後，時間也差不多了，正想離開時，剛好瞥見了黎老師那本「王充哲學研究」，順手就拿了下來，不看不知道，一看可把我嚇了一跳。正可謂「踏破鐵鞋無覓處，得來全不費工夫。」天啊，黎老師的博士指導教授，竟然恰好就是高懷民老師。易學與王充哲學差距頗大，所以，我壓根沒想到，易學專長的高老師，居然會指導黎老師的王充論文。我與黎老師相熟，每個學期都會修黎老師的課，我還在他的指導之下，陸續發表過幾篇有關老子和王充的期刊論文，我一定要找機會向黎老師問個明白。

「老師認識高懷民老師吧？他是您的博士指導教授？」

「沒錯，他是我的博士指導教授。你找他有什麼事？」

「他目前在那一所大學教書？」

「他都七十多歲了，退休了。」

「我想請他指導我的博士論文。」我接著把想請學長和同學幫忙的事說了一遍。

「他離開文化大學之後，到了政大哲學系任教，已經退休多年，不再指導學生了。你如果找這二位同學幫忙，高老師肯定會婉拒你的要求。」

「我計劃要撰寫易學方面的論文，想請您幫幫忙，替我向高老師說情，讓他破例收我這個學生。」

「他七十多歲了，我實在不好意思去打擾他的退休生活，你找別人啦。系上的李老師也是專門研究易經的，指導過好幾個博士生了，找他就好啦。」

「拜託老師，替我跟高老師說情，拜託拜託。」

「校內老師你不中意，校外現職的易學專家教授也不少，看你想找誰，不管是台大的張老師，還是政大的曾老師都行，由我幫你引介引介，一定沒問題。」

「我還是希望高老師能擔任我的指導教授，拜託老師替我說情。」接著，黎老師又連續點名了幾個在易學方面有名的教授，要我參考參考，他會幫我的忙。他每提出一人，就被我否決，直到他提不出人爲止。就這樣，我使出磨功，來來回回磨了二十多分鐘。

「你考慮清楚了嗎？執意要找高老師指導論文？」

「我詳細考慮過了，高老師是海峽兩岸第一個寫出易學哲學史的人，比大陸有名的朱伯崑都還早，我覺得高老師的易學造詣，遠勝過老師剛才提的那些人，麻煩您幫幫我的忙。」

「我是高老師從希腊留學回國，到文化哲學系任教並擔任系主任時，所收的第一個博士生，我和高老師的關係非同一般。唉！我替你打電話，他應該不會推辭。只是這樣，倒是打擾他悠閒的退休生活了。」

「謝謝老師，麻煩老師幫忙。」

「這樣吧，這二天我給高老師打電話。確定之後，你再打個電話給老師，然後約個時間，帶上水果禮盒，去拜訪他。」

「好的。謝謝老師。」

離開教學大樓，步履輕快，只聽到三隻綠繡眼在旁邊跳來跳去，發出啾啾的鳴叫，還有走道旁傳來陣陣七里香的氣味。

隔週上課後，我到研究室找黎老師，他說已經幫我打了電話。

「這是他的電話和地址。」黎老師拿出一張便條紙，抽出他身後書架上的「大易哲學論」，翻開發行頁，把資料抄給我。

「什麼？書上的出版聯絡資料，就是高老師家的地址和電話。」我說。

「那個年代，出版書籍無需申請國際標準書號（ISBN），『大易哲學論』是高老師身兼作者與發行人，自行找印刷廠印製的，所以，書上的聯絡資料，就直接填寫自家的地址和電話。」

「原來是這樣啊。同學遍尋不著的資料，竟然就在書中。」

「你再打個電話給高老師，跟他提起你是我介紹的，然後約個時間，帶上禮物，去拜訪他。」

「好的，謝謝老師。」

幾天後，我和高老師通完電話，約定時間到府拜訪。當天我搭乘捷運綠線在南京三民站下車，打算步行至高老師家。於是我由南京東路朝北走，經三民路，再接民生東路五段，最後轉進富錦街，循著門牌號碼，我找到了高老師家。霎時間，我整個人怔住了。這不就是一年多前，我來抓龍魚的地方嗎？萬萬沒想到，那間水族批發商就在這棟大樓的地下室，而高老師就住在六樓。

「原來，命運在冥冥之中早已埋下了種子，只是你不知它何時發芽！」

道聽塗說

陽宅佈局對風水的影響很大，爲人風水佈局多年，有一個很深的感觸，不管是風水開運物或化煞物，主人買來擺放之後，多半會讓風水佈局扣分，而非加分。尤其是那些愛看電視風水節目的人，這種情形尤其明顯。今天就先來說一個類似的案例。

屋主是台中的王女士，房宅位於台中市西屯區朝馬車站附近，屬於大樓的形式，王女士住在一、二樓，有自己獨立的樓梯可供進出。由於王女士本人，非常喜歡看電視上的各種風水命理節目。房子裡的風水開運物可以說琳琅滿目，有些東西，縱使像我這種爲人看風水多年的命理師，都沒看過呢。

舉例來說，王女士的房間放了一個泥偶，泥偶的形象是二個體態圓潤的、有點年紀的男人與女人，男人抱著女人。我好奇地問：「這個泥偶擺設也是跟風水有關嗎？有什麼作用呢？」王女士回答：「這個泥偶，據說可以增進夫妻之間的感情，讓夫妻能夠白頭偕老。」這眞是令我大開眼界。

我依據房宅建造的元運，以及羅盤測量的方位，起出了這間房子的玄空飛星風水盤，以此爲依據，來進行風水操作。我先仔細巡視、考察整間房宅，並與我手上的飛星圖逐一對比，發現王女士這間房子，原本的整體格局，還算不錯，屬於中上格局的吉宅。但問題出在開運物，在佈局上犯了不少毛病，其中要算以下的二項，最爲關鍵。

首先，在房子的財位方，王女士放上了二張，她老公精心挑選的、價值不菲的檜木太師椅，中間有一茶几，上面放了一盆盆景。時值八運，八運的財星，五行屬土，這太師椅與盆景，五行皆屬木，這種木剋土的佈局，可以說直接損傷了代表財運的財星。

我詢問王女士：「這太師椅與盆景的佈置，有多久時間了？」她仔細想了想回答：「約莫三年多一點的時間，我老公非常喜歡這二張椅子，盆景是我自己喜歡，買回來佈置的。」

我斷言：「這三年來，家中的財運肯定比以前差。整體上來說，屬於財來財去，錢財留不住的情形。」只見王女士沉吟了一會兒，疑惑地問：「難道是跟這太師椅與盆景有關？」我微笑著點了點頭。

雖然看了很多風水節目，王女士對於風水學，還是一知半解。於是我將佈局損傷財星的五行生剋制化原理，詳細解釋給王女士聽，她才慢慢瞭解，這些厄運，都是由自己的佈置所導致。

接著，我指著家中一個半人高的紫晶洞，直接說：「自從妳家擺了這個紫晶洞之後，家人的健康肯定開始走下坡了，睡眠品質也變差了。」

「家裡面現在主要住著我和先生二人。這個紫晶洞放了快一年了，這些時間以來，確實休息品質變差，人變得比較沒精神了。」她稍微停頓了一下，接著說：「我先生一向身體不錯，但半年多前，膝蓋不舒服了一陣子，醫生說是有積水，後來安排開刀，開完刀之後，現在爬樓梯多了都會有點不適，變天時會感覺到酸痛。難不成是跟這個紫晶洞有關？」

「是的。因爲妳的紫晶洞，就不偏不倚地放在病符星的位置。病符星的五行屬土，紫色屬火，晶洞五行屬土。因此，紫晶洞這個火土結構的東西，源源不斷的增加了病符星的氣數，導致這樣的效應產生。」我詳細解說讓她瞭解。

「原來這些東西這麼凶惡，眞是難以想像。」她說。

「認眞說來，並不是東西本身凶惡，而是恰好擺在不對的位置，才會引發凶煞之氣。」

不由得她不信，因爲這些凶惡的效應，都已經呈現在現實生活上了。在這個實例當中，太師椅與盆栽的佈置，破了風水上的「財」。紫晶洞的佈局，破了風水上的「丁」。

於是，一間整體格局還算不錯的陽宅，由於女主人愛看電視風水節目，胡亂操作一通，扣了不少分數，導致丁財兩敗的結果。所以我才會說，亂買風水物，多半會讓風水佈局扣分，而非加分。後來，二人都提供出生時間，要我八字論命，果不其然，亂佈局的那年，夫妻二人，都處於流年不利的時間點。這是典型的，在運勢不佳的時間點，容易做出錯誤決策的案例。

老實說，隨著風水陽宅看得多了，各種風水格局都遇得到。以下這個案例，應該是我自當風水師以來，遇到過最倒霉的實例了。

風水堪輿的時間是在二〇〇六年的秋季，地點在桃園市的桃園區，委託人是陳小姐。陳小姐家中是經營生命禮儀公司的，以前是由父母經營，孩子們幫忙，現在則是以他的弟弟爲主，加上她和妹妹，三人一起經營這間小型的生命禮儀公司。

這間房子建造於民國七十六年，在三元九運的劃分上，屬於七運宅。羅盤量測之下，屬於坐寅向申兼向的房宅。經由現場的觀察，我發現這間房子曾經改過大門，而且房子的左側也有增建，這些都對風水產生了極大的影響。

「這間房子改過大門？」我問。

「是的，劉老師。這間房子原本是右邊開門，我記得很清楚，是在民國八十七年，父親有一位據說懂風水的朋友，到家中做客。他告訴父親，右邊是白虎邊，門開右邊最不利，應該開左邊，左邊爲青龍方，主吉利，財源廣進。」她接著說：「好巧不巧，二個星期之後的某天，我父親看到一個電視風水節目，剛好又有一位在電視上經常出現的所謂風水大師也說『青龍方開門丁財兩旺，門開白虎邊凶事連連』。一連二個人都這麼說，肯定沒有問題。於是，我父親就毅然決然把門從右邊改到左邊去了。」

「那左邊的部分，又是在何時增建的呢？」我仔細的探詢。

「約莫民國九十二年前後吧，那時覺得空間上有點不夠，剛好左邊還有一塊長形的空地，父親也是在朋友的建議之下，於是增建了左側，這樣一來，在一樓洗衣服、晾衣服就不會淋雨了，二樓也多了個房間可以利用。」陳小姐敘述了增建的過程。

我拿出測距儀來，仔細丈量房子的寬度，左側增建部分的距離，並加以記錄。依據這些數據，我拿出一張紙來，手繪了一張房宅的九宮示意圖，指著圖向她們解釋：「妳看，房子原本面寬約五米，增建的部分，面寬約二點七米。原本是右邊開門，八十七年改成左邊開門，而在增建了左側之後，增加了二點七米的寬度，於是乎，原本的左邊開門，就又變成在房子的中間開門了。」

「確實是從右邊開門，改成左邊開門，最後又變成中間開門了。」陳小姐點點頭說。

眼看她們都理解了，於是我說：「大門是房子的納氣口，門一開，決定了氣自那個方位納入房宅中。這間房子的納氣口，從原本的右邊改成左邊，接著又因爲增建，變成了中間納氣進門的格局。一個房宅的吉凶，開門的位置是非常關鍵的，不論是住家或店面都一樣，因爲門是納氣口，開門的位置，決定了房子所納進來的氣是吉是凶，是好是壞。」

接著，我把玄空飛星風水圖上的雙星組合，標註在九宮圖示中，繼續向她們解說：「以妳們這間房宅來說，房子的左邊，也就是所謂的青龍方，它的雙星組合是六一。中間的雙星組合爲四三。房宅的右邊，也就是俗稱的白虎方，它的雙星組合爲八八。」

陳小姐不解的問：「這些數字代表什麼意思呢？」我回答：「不急，待會兒再解釋，我先說結論，妳家本來家庭和樂，生命禮儀公司也經營得很不錯。但自從改了門之後，生意漸漸走下坡。等到左側增建以後，生意更是一落千丈，而且家中成員之間，互動氣氛越來越差，常常產生衝突。」

對於我的斷語，陳小姐和家人稍微想了想，都默默的點了點頭。「所以說，劉老師，我們家的家運各方面一直走下坡，都是因爲改門和增建所引起的，是嗎？」陳小姐問。

我點了點頭並解說：「原本門開右邊，右前方的雙星組合爲八八，在七運和八運時，納氣口大吉，屬於丁財兩旺的大吉之宅。這種房宅，是我們在爲人風水鑑定時，所要積極找尋的上好宅第。妳父親竟然誤信人言，將這上好的開門方位給改了，眞是可惜。」

「所以青龍方不一定就優於白虎方，是嗎？」

「是的。以這間房子來說，左邊的雙星組合爲六一，財星一在七運時屬於死氣，不利於財運，要等到民國九十三年，時序進入八運時，才漸漸轉爲生氣，財運才能稍好一點。」我稍喘息一會，繼續說：「偏偏就在這個時候，妳父親又聽信人言，決定增建了左側，這樣一來，整個房子就變成中間開門，享受不到漸漸轉爲生氣的優點了。而中間的雙星組合爲四三，這是前方三個宮位之中，最糟的飛星組合，這種組合主破財、糾紛、不合。」

「這些年來確實生意越來越差，家中成員感情也不好，常常爭吵！」陳小姐印證了改變風水的結果。她私底下告訴我，這二年來，她的嫂嫂和弟媳二人，都因爲和老公以及家人相處不佳的問題，搬離了這個家。

「不僅如此，假設如妳所說，是在民國八十七年動工改門，改門那年應該就很不順，甚至會發生災禍。」聽我這麼一說，她馬上回答：「沒錯，那年，我父親發生車禍，左腳骨折，所以對那年的事，印象特別深刻。那也是跟改門有關嗎？」她這麼一說，家人都點點頭表示同意。

「那年房子占太歲方位，在太歲頭上動土，肯定容易出事。」

事已至此，我也只能依據現有的風水格局，透過佈局，來替她調理調理風水的問題了。

看完這個風水案例，實在令我不勝唏噓。這就是俗話說的「人牽毋行，鬼牽蹓蹓走。（台語）」陳小姐的父親，聽信朋友和風水大師的話之後，改了大吉之門，後來又增建，以致於家運越來越差。

一間房宅，假設你住得不順利，覺得風水方面有問題，千萬不要道聽塗說，或是自己亂改一通，免得越改越凶，雪上加霜。反之，如果家中一切順利（包括丁與財二方面），千萬不要哪根筋不對，亂改風水，以免招來厄運。

話又說回來，爲何你會聽信親朋好友，或是電視上所謂「風水大師」的建議，而胡亂改動家中的格局或佈置呢？說穿了，那和你當時的運勢，肯定脫不了干係。

所以，我常常奉勸上門測算的人，當你流年運勢不佳的時候，儘量不要做人生的重大決定，以免雪上加霜、擴大傷害，就是這個道理。

「大體上，就照著這樣佈局就行了，都記清楚了嗎？」

「沒問題，都記清楚了。」

「這些是化煞物，你收好。新宅入宅前最好先淨宅。記得上我的網站，在近日發表的入宅吉日中，找一個不會沖犯家中成員的吉日良辰，並且在入宅當天，把這些招財物和化煞物都擺定位，整個佈局就算完成了。」我一邊說，一邊把化煞物交給他。

「好的，我會上網站去挑個好日子。接下來，就要麻煩劉老師跟我走一趟，按照原訂計劃，去我老家看風水了，老師請。」他接過了化煞物，引著我一路往停車場走去。

林先生是我的客戶，這件風水佈局的時間，是民國一〇八年底，這是他的新居，位在桃園市的龜山區。林先生在外商銀行擔任主管，學歷高，外表斯文，他今天穿了件質地絲滑的白色襯衫，搭配深藍色的西裝褲。林先生是個孝順的兒子，我們原本就說好，在看完龜山的房子之後，再幫他看看父母親的住所，房子位於新北市新莊區，於是，我坐上他的奧迪A6，前往新莊看風水。

新莊的這間房子，年代比較久遠，建造於民國五十七年，因此，以三元九運的劃分來看，是介於民國五十三至七十三年之間，屬於六運的宅第，是一間沒有電梯的老公寓。他們的房子位於五樓，上面還有一間屬於他們所有，鐵皮加蓋的房子。

我打開羅盤，仔細測量，依羅盤所顯示的方位來看，這棟樓是壬山丙向。有了時間與方位二個條件，我排出了這間房子的玄空飛星風水盤，然後依此進行風水佈局。

五樓原本有二戶，林先生的父親當時一次就買了二戶，然後封了其中一戶的門，留下另一戶的門。

而二個門分別是乾宮門，乾宮的飛星組合是一二，另一個門占了二個宮位，分別是震宮與巽宮。震宮的飛星組合是三九，巽宮的雙星組合是四八。從玄空飛星風水盤來看，這二個門，可以說一個凶（乾宮門），一個吉（震巽門）。

一個房宅的吉凶，開門的位置是非常關鍵的，不論是住家或店面都一樣，因爲大門是納氣口。林先生的父親當時決定捨棄乾宮門，留下震巽宮的門。一般來說，門占雙宮往往吉凶互見。由於開門占了二個宮位，分別是震宮的三九以及巽宮的四八。

就雙星組合的右邊財星來看，林先生一家人於民國六十幾年，也就是七運時搬入此宅，在七運時，八爲生氣，財運就開始不錯了。到了八運，財星八與生氣星九同時作用，財運更旺，到了九運，依然旺財。所以，這間房子由於開對了門，可以從入宅之日，一直旺到九運結束的民國一三二年，堪稱大吉之宅。

「林先生，你這間房子屬於大吉之宅，住進來之後可以說是人丁平安，財源廣進。」我接著說：「我爲人看陽宅風水多年，像這種大吉之宅，爲數非常少。」

「是的，劉老師，這房子風水應該不錯。我們住進來以後，一直都很平安順利，我父母從中南部上來打拼，養活四個孩子，在財運方面，一直也很不錯。」

我問：「家中有供奉神明嗎？」林先生回答：「有一尊觀世音菩薩。」

這時，我們還在客廳，爲了風水操作上的方便起見，我看著玄空飛星圖，先畫了張房宅的九宮圖示，先把各項化煞催旺的方位標示出來，並解釋給林先生聽，接著，再引導著他到該佈局的各個位置。

「與神明有關的事物，應該放在生氣星的位置。哎呀，眞巧，你們家的觀世音菩薩就供奉於生氣星的位置吔。」我邊走邊說：「兌宮位置應該放置紅色化煞物，化解三碧破財。誒，你這裡就剛好有一塊二尺大的紅地墊。」我繼續往裡走：「離宮的方位，要用金屬化煞物來化解災病星。哎呦，這裡就恰好擺放了金屬材質的工藝飾品……。」我心裡暗暗稱奇。

整個佈局的過程，就好像我曾來過，並佈局過一樣，看完整間房子，只花了我平常看風水三分之一的時間。這讓我不禁懷疑，林先生曾經請人看過風水，而且還是位風水高手。

我問：「林先生，你這房子請人看過風水吧？對方肯定是位高手。」他搖搖頭：「沒有，這房子從來沒有請人看過風水，開門的位置也許只是幸運，擺飾的東西，也只是巧合而已吧？」我不太相信，進一步問：「或許是令尊曾請人看過風水？」

林先生帶著靦腆的笑容說：「一來我沒印象，二來我父母向來不太相信命理風水。所以，應該沒有找人看過風水。」他接著說：「拜託老師再幫忙看看，我頂樓還有一間鐵皮加蓋的房子。目前是佈置成一貫道的佛堂，我父親就睡在佛堂後面，平常也提供道親們來拜拜和修行。」

我隨著林先生的帶領往頂樓走，心裡還是納悶，這也太不可思議了吧，怎麼可能幸運通通集中在一塊了？

上了頂樓，看見了林老先生，這才揭開了謎底。

林老先生穿著寬鬆的白色唐裝，腳上踩著軟布製的黑色功夫鞋，一副慈眉善目之相，氣色紅潤，兩道非常修長的白色眉毛垂了下來，整體看來就是一個修道多年之人。林老先生是一個虔誠的教徒，自年輕時就信奉一貫道至今。

老先生耳朵退化，戴著助聽設備。林先生靠近老先生，提高音量向他介紹我，並且將我對於這間房子風水的分析，以及這間房子在佈局上的諸多幸運等等，簡要的解釋給老先生聽。聽著聽著，老先生的臉上逐漸展露出笑容。

只見老先生對著我比出大拇指，並且以斬釘截鐵的語氣說：「你請的這位老師不錯，看得出來這些東西。我早就知道這是一間風水大吉之宅，不然我也不會買下它。」他請我們坐下來，倒了二杯老人茶。老先生接下來講的一番話，讓我和林先生大吃一驚。

「想等當時，阮兩仔尪某來到台北，起先嘛是租別人誒厝住……」老先生用台語說出了自己年輕時的故事。

「有一天念經修行結束後，突然間頭殼底出現一個『靈感』，一直租房子，住久了還是別人的，倒不如貸款買一間房子，於是兩夫妻商量之後，就四處看房子。但過程並不順利，看了三個多月吧，都沒有看到合適的房子。」

說到這兒，他停了下來稍歇一歇，喝了一口老人茶，並示意我們喝茶。等我們喝完杯子裡的茶，他又將茶海裡的茶，爲三人斟滿。

「但我們還是繼續到處找房子、看房子。直到有一天，看了現在住的這一間房子，嚴格說來，是這『二間』房子，因爲，當時還未打通，是各自獨立的二間公寓。」老先生眉飛色舞、滔滔不絕的接著說。

「那天看完房子回家，打坐到一半，我眼睜睜看著供奉的神明，從神桌上走了下來，走到我的面前，指著我的前方說『就是這啦，這二間就是啊』。這時在我的前方，頓時出現了一個看似很深的水潭，接著我聽到神明說『就是這了啦，敢無？（敢不敢）跳落去！』我稍遲疑了一下，然後就跳了下去。」

他喝了口茶接著說：「就在這時，突然間感覺到一陣清涼，我就醒了過來。但是那過程、那印象，非常眞實，我相信這就是神明給我的指示。所以，我告訴太太，隔天就去下訂，而且還一次買了二間，因爲神明當時的指示是『這二間』。」

「當時，也沒想過貸款負擔的問題，我相信，既然是神明的指示，最後一定能夠讓我『渡過難關』。而且很『靈感』喔！決定封那個門，留這個門，以及家中的各樣擺設與佈置，哪個地方該擺什麼東四，我都好像有神助一樣，打坐時自然而然，心裡就會浮現影像，所以短短時間就都弄好了。」

說到這兒，他又停了下來稍歇一歇，示意大家喝茶。

我說：「這茶袂穤。」老先生回答：「這茶阿里山的，香氣很好。」他接著說：「有一次，阮某更動了二項東西的擺放位置，我那幾天在修行打坐時，都覺得心神不定，心臟會突然跳得很快，而且阮倆尪某連續好幾天晚上都睡不好。總感覺怪怪，等到東西換回原處，就好了，也能安穩睡覺了。所以這一切，都是神明的安排啦。」老先生帶著感恩的語氣，訴說著他的故事。

在送我到高鐵站搭車的路上，林先生說：「劉老師，託你的福，這個故事，我也是第一次聽我父親說。」我回答：「這故事確實神奇。」

「我一向感到難以理解，我的父母都只有小學畢業，從彰化北上來謀生，起初經濟並不好，也沒有店面，就僅僅靠著手推車為人打鑰匙（後來還加上刻印章）維生。」林先生接著說：「我到現在還有印象，小時候跟弟弟二人，有時還得推著活動攤車，躲避警察呢。」

「對你來說難以理解，對你父親來說，卻是深信不移。」

「我始終不能理解，生養四個小孩，靠著這份收入，爲什麼父親膽敢買下公寓，而且還一次買了二間，難道不怕繳不出貸款嗎？」他緩了緩接著說：「我們幾個兄弟姐妹曾討論過此事，總覺得父親是『憨膽』，是因爲學歷低，思考不周，缺乏理財概念，才敢這麼蠻幹。直到今天，因爲風水佈局的機緣，聽到父親講述這個故事之後，我才了解眞正的原因。」

陳先生的案例，增廣了我的見聞。這不由得讓我想起前不久，另一件同樣玄奇的案例。

這個風水案子發生在民國一〇五年的夏天，地點在台北內湖區的一處廠房。案主是位朱先生，他是在春季來八字論命的，由於他的信任，當有風水需求時，他第一個就想到我，並且向他父親，也就是老董事長，推薦我來處理。工廠生產的是電子零件，朱先生排行老二，留學美國，學的就是相關專業，三兄弟中，屬他最成材，所以他父親最器重他，計劃要在未來幾年，逐漸把事業整個交棒給他。

因爲事業蓬勃發展，他們計劃增建廠房，在原有的工廠前面，有二塊占地很大的草皮，朱先生看了我網站上很多的風水文章，他了解開門的方位是關鍵。這次看風水要解決的問題就是，要在這二塊草皮中，選擇比較吉利的一塊，來加蓋新廠房，還有，開門納氣的位置，要一併考慮進去。

原廠房經羅盤測量，定爲甲山庚向兼盤，在元運上屬六運宅，在房宅的中間開門，門口組合爲四五雙星。我依據元運和方位，排出了這間房子的玄空飛星風水盤，然後針對他們的需求，提出了風水上的意見。案子結束之後，朱先生送我回高鐵站搭車。

五黃最忌三碧四綠。門口雙星組合是四五，就是五黃和四綠的組合，玄空飛星對此組合的論斷是「我剋彼而遭其辱，因財帛以喪身。」這是由於五黃大煞不能剋動，所以最忌屬木的三碧星和四綠星。木剋土，會激發五黃煞星的暴戾之性，最後恐因財惹禍，甚至帶來災病。總結來說，這是一個頗凶惡的雙星組合。在車上，我一直想著，該不該把這信息告訴朱先生？

猶豫了好一會兒，我還是忍不住開口了：「大門口的雙星組合，是一組凶惡的組合，這間廠房的風水不太好，不容易賺錢，比較容易產生糾紛，甚至因財惹禍。」由於考慮到對方的感受，帶來災病一事，我就隱諱不說了。

「不會餃，劉老師，我們公司這些年來，各方面一直都很順利，而且還蠻賺錢的。」

「噢，那一定是董事長領導有方，加上幹部們都非常努力，不然，這風水實在不太好，很難賺得到錢。」

「應該是，公司從上到下都很努力。所以，公司這幾年業績蒸蒸日上，不然，又怎麼會想要擴建新廠房呢？」

我只是有話直說而已，雖然說話間始終帶著笑容，但從語氣中，可以聽得出來，他對於我的論斷，相當不以爲然。既然如此，我也就不好再往下說了，以免讓人覺得我不懷好意，企圖透過危言聳聽的恐嚇，讓對方延請我爲他公司調理風水。而自此之後，就沒再見到朱先生了。

二年多過去，我又再度接到他的電話，他邀請我去看住家的風水，位置在台北內湖區的舊宗路。在看過公寓的風水之後，朱先生講述了這個神奇的故事。

約莫在十多年前，他的父親眼看自己的小工廠越做越好，訂單不斷增加，就想著要另覓新址，由小換大，增加產能。於是，透過仲介，到處看廠房，一直到有一天，找到了一間十分中意的物件，只不過占地太大，超出了他原本的的預算。無奈之下，只能忍痛放棄。

在這之後，公司業績持續成長，他也繼續找廠房，但始終都沒有找到滿意的物件，就這樣，又過了一年多。另一個仲介說他找到了一處，讓他一定要過去看看，沒想到，竟然就是一年多前，他很滿意的那間廠房。於是，他就把這事向幾位合夥人報告，大家都覺得，這一切都是緣分，最後，貸款買下了那間有緣的廠房。

「買下廠房後，我父親依然非常努力的工作，但事情並沒有想像的順利。隨著規模的擴大，公司的經營上，遇到了不少麻煩，讓我父親焦頭爛額。有一天晚上，他巡視廠房，當天月光皎潔，他遠遠的看見一個穿著黃色長衣的人，沿著工廠的圍牆，踽踽而行。他見狀以爲是小偷，隨手抓了跟棍子，跟了上去，由於愈跟愈近，他看見對方戴了頂帽子，還隱然看見他柱了根拐杖，沒想到，那個人就在坐落於廠房角落的土地公廟前，倏然消失了。我父親懷疑小偷躲進了土地公廟，於是，打開了手上的手電筒，舉起棍子在外面大喊一聲『小偷，給我出來。』過了半晌，都沒有動靜，他只好走進了廟裡。一看，大吃一驚。剛才所見，不正是端坐在供桌上的土地公嗎？」朱先生講述著他父親創業時的故事。

「這實在是太不可思議了。」我說。

這間土地公廟，是以前的老板遺留下來的，他父親並無宗教信仰，所以，都將拜土地公事，直接交待總務草草處理，他本人並不參與。自從發生這件事之後，每逢初一、十五，只要他在公司，一定會虔誠祭拜土地公。

「說也奇怪，自從我父親虔誠祭拜土地公之後，所有問題，似乎都一一迎刃而解，公司經營越來越上軌道，越來越賺錢，沒幾年，就把銀行貸款還完了。」他接著說：「不僅如此，我父親有時作夢會夢到土地公，或是夢到那天尾隨土地公的情景，每當有這種情形，不出多久，公司就一定會接到大訂單。所以，我父親常說，是土地公保祐他們公司賺大錢的。」

我說：「這眞是太神奇了，後來呢？」朱先生回答：「後來發生的事，眞是一言難盡啊。大致說來，都被老師你說中了。」我問：「怎麼回事？」

「這幾年來，合夥人之間不太平靜。老實跟你說，我父親被合夥人告偽造文書罪，前不久判決才下來，現在正在牢裡。」他接著說：「他進去之前，已經把棒子交給我了。萬萬沒想到，就在他進去之後不到半年，合夥人就唆使了一大票黑衣人，乘坐著一台遊覽車，半夜三點闖進來，硬是霸占了公司。不但剝奪了我的權力，還把我所有的東西都掃地出門，眞的是太惡劣了。」

「難道你們沒有任何處置嗎？」

「不，我們當天就報了警，但警方說，這屬於我們股東經營權之間的糾紛，警察無從介入。」他長歎了一口氣後，接著說：「當初沒聽你的話，現在就算想要請老師調理公司風水，都沒辦法了，我連門都進不去了。」

「竟然有這種事？」

「其實早在我父親這事剛發生之後沒多久，我經朋友的強力推薦，找到一位據說能通靈的大師，來公司看過。他整個廠區都看遍了，經過土地公廟，還特別進去裡面，看了好一會兒。」

「他看了之後怎麼說？」我對這種事十分好奇。

「那位通靈的老師告訴我們，小土地公廟左邊的牆面有裂痕，一定要儘快修補。還有，他說不知道是什麼緣故，我家的土地公面腔（臉色）很難看。」

聽他這麼說，我不解地問：「他說土地公臉色難看是什麼意思？」朱先生說：「我想，那位老師恐怕眞的能通靈呢？」我進一步問：「怎麼說？」

「我父親進去了之後，拜土地公的事，就落在我們幾個兄弟頭上了。每次拜土地公時，我們都不免向土地公抱怨『既然土地公祢帶領我父親，來到這裡安身立命，又對公司經營那麼幫忙，爲什麼最後會走到這步田地？祢這樣做，不是害我們多年的心血都白費了嗎？我們平常提供了豐盛的供品和香火，按時祭拜，從沒有虧待過土地公，祢怎麼可以這樣對待我們……』。」

「原來，土地公的臉色難看，是因爲你們兄弟的埋怨所導致的？」我心裡想，這眞是太有趣了。朱先生苦笑的點點頭說：「是啊，確實是我們兄弟造成的，所以我才說那位老師應該眞的會通靈呢，沒辦法，實在是心裡太不爽了，幾個人你一句我一句咒罵，當時的語氣的確不太好。」

我並無特定的宗教信仰，但也並非無神論者。我認爲世間的大教，都有深刻的教義與導人爲善、撫慰人心的社會功能。風水命理之學雖然是玄學，但我始終不迷信。這二個故事確實是「玄之又玄」，若非是我親身經歷，恐怕也難以置信。

第二章

天機難測

人算天算

「林先生，要麻煩你了。」太太把車停在褓姆家門前，對著來抱小孩的林先生說。

「沒問題，交給我就好，我抱進屋裡，弟弟還能再睡一覺呢。」林先生用一條毯子，包起熟睡中的兒子，進屋去了。

由於夫妻倆要工作，兒子二個多月大開始，我們就將他託給離家三條巷子，一對年過六旬的林姓老夫妻幫忙帶了。根據打聽的結果，這對林姓老夫妻，長年幫人帶孩子，經手十多個孩子了，經驗相當豐富。白天，由太太開車順路送去褓姆家，傍晚，由夫妻倆一起去接他回家。漸漸的，我們和弟弟都習慣了這種託育的模式。我們唯一比較不放心的，是褓姆家裡養的二隻紅貴賓和一隻哈士奇。

「跟你說了幾次，你還不相信，來，聞看看。」太太邊說，邊把兒子的衣服拉起來，要我湊上前去聞衣服上的味道。

「好像有吔。」我邊聞邊說。太太不只一次告訴我，弟弟的衣服上，常常都沾有狗狗的味道。這次算是證據明確了。

「什麼叫好像，根本就是，剛才弟弟親我的時候，就覺得他滿嘴都是狗的味道，衣服上也有，自從他會走路之後，這種情形就越來越頻繁了，既不衛生又危險，讓我上班都有點不安心，生怕他被狗咬傷。」

「安全方面，確實有點令人擔心。」

「明天得跟褓姆叮嚀叮嚀，不要讓弟弟跟狗狗靠得太近。」

「還記得我上次跟你提過弟弟眼睛比較弱的事吧？這部分也要一併叮嚀褓姆。」

「對，有的褓姆爲了輕鬆，都讓小孩一直看卡通。在家裡我都管制得很好，要特別囑咐褓姆，不要讓弟弟一直看電視。」

兒子出生時白白胖胖，身長五十一公分，體重三千二百公克，哭聲洪亮，十足的健康寶寶。但從他的八字來看，他是丁亥年出生的，生肖屬豬。其中年柱丁火是大忌神，年柱應在人的頭部位置，丁火又主人的眼睛，而且年柱主掌一個人的早年時期，也就是約莫是十七歲以前。綜合以上這些信息，我告訴太太，兒子的眼睛方面較弱，要特別小心。我當時只想到近視一類的眼部問題，所以判斷他會在十七歲前，就戴上眼鏡了。太太聽了有點緊張，還說以後一定要好好管制他看電視，用電腦的時間，以免視力惡化太快。

「林先生林太太，弟弟一天一天大了，活動力也增強了，要麻煩你們小心家裡的三隻狗，尤其是哈士奇，體型那麼大，被咬到可不是開玩笑的。」

「沒問題，你們放心啦，我們帶過那麼多孩子了。妞妞和餅乾（紅貴賓）只有在大人在的時候，才會任由牠們跑來跑去，而哈利（哈士奇）平日都拴在後院，不會到前面來，而且，哈利最乖了，從來沒有攻擊過人。」林先生說。

「不管怎麼樣，安全最重要，還有，要麻煩你們管制他看卡通的時間，以免視力惡化。」

「這點你們放心，我們不會給小孩一直看電視。有空的時候，我們會帶他在社區附近逛一圈，小孩子都不喜歡一直待在家裡，都想往外跑。」林太太說。

「這樣最好了。還有，弟弟的衣服上，都沾有狗狗的味道，麻煩他在吃東西的時候，要注意衛生問題。」太太帶著笑容，說得含蓄。

「小孩子有狗狗作伴，比較不會無聊啦，而且根據研究，小孩子多與狗狗互動，對免疫系統的發展很有益處……。」林先生說。

林太太白了林先生一眼，搶著說：「妳放心，這個部分我們會小心，不會有問題啦。」

太太還是千叮嚀，萬交待，請他們一定要注意弟弟的安全。他們表示，已經帶過那麼多個了，從來都沒問題，要我們不必擔心。

只是有時去接弟弟時，看見他抓著妞妞和餅乾又親又抱，做媽媽的還是不免擔心。看著弟弟一天一天長大，感覺得出來，他很喜歡褓姆家，也喜歡和二隻小狗玩耍，我們也就逐漸的放下心來，直到出事的那一天。

「媽媽，哇！痛痛。」弟弟原本手拿著米果，邊吃邊看著卡通。一看到媽媽出現，馬上哭著撲向媽媽。

「不要哭啦，等一下傷口又流血。」林先生說。

我們一進褓姆家的門，就發現兩隻紅貴賓，今天都關在客廳的圍籬裡，安安靜靜的蜷伏著。

「怎麼搞的？怎麼會弄成這樣？」太太捧起弟弟的臉仔細端詳。只見弟弟的左邊上眼瞼，整個腫了起來，眼瞼靠近眉頭的位置，有裂開的傷口，不僅傷口有血，臉上還有眼淚、鼻涕被擦過所留下的痕跡。

「弟弟剛才在玩球，球滾得比較遠，他邊走邊帶跑，一不小心突然絆倒，這麼巧，剛好碰到桌子邊邊。」林太太邊做示範邊指著桌緣說。

「媽媽，痛痛。」弟弟大聲哭叫著。

「弟弟受傷，怎麼沒有趕快通知我們？」媽媽看著弟弟的傷口說。

「我想，已經快五點，就快要回家了，所以就沒通知。」林太太說。

「對啊。回家時間快到了，你們應該馬上就來了，所以就沒有通知了。」林先生說。

太太還想再進一步問清楚，我感覺出來她的語氣非常不滿，於是，我故意打斷了她的問話。一來，我看弟弟的傷勢，必須趕快處理，二來，明天小孩還得送來褓姆家，鬧得不愉快，對弟弟肯定沒好處。我開車將弟弟送到鎮上的一家醫院，掛了急診，處理傷口。

「小弟弟，怎麼受傷了。」醫師帶著笑容走進急診間。

「準備生理食鹽水，先消毒。」他交待護理師。

「怕他會亂動，爸爸來，你抓住他。」護理師說。只見她看準位置，拿了用生理食鹽水沖灌傷口，醫生挾起了棉花，明快地往傷口抹去。「哇！」整個過程中，弟弟哭得呼天搶地，我看了都覺得痛。清創傷口後，看見了裂口中粉紅色的嫩肉，裂開的地方將近有二公分左右。

「這傷口最好要縫合，差不多二公分，縫三針。」醫生說

「如果不縫的話，會怎麼樣？」我問。

「以這二公分的傷口來看，不縫合，應該會留疤。」

「我們決定不縫。」我說。

「這應該要縫比較好啦。不然沒有把兩邊的皮拉過來，以後有疤痕，孩子會怪你們喔。現在縫合都用肉線，不必拆線。」

我說：「我們還是決定不要縫。」太太帶著疑惑看著我，沒有說話。

「你是他爸爸，這後果你要負責。」他瞪著我說。

醫生說完，留下護理師處理後續工作，帶著不悅的表情逕自走出了急診室。

回家以後，我仔細向太太解釋，決定不讓弟弟縫傷口的原因。

「眼瞼裂開的傷口部位，依面相十二宮來說，屬於田宅宮，主不動產方面的吉凶，留下疤痕，主要會在不動產這方面扣分。」

「既然這方面會扣分，你爲什麼不讓他縫？」太太說。

「根據面相學寶典達摩相法的說法，面相分爲十分，眼占其五，其他顴鼻額頰各占一分，眉耳齒口共占一分，由此可見，眼相在面相中的重要性。而在眼相的衆多層次當中，『眼神』又是關鍵中的關鍵。」我停頓一下繼續解釋：「我很擔心縫了線之後，造成傷口肌肉相對緊繃，讓『眼神』變得不自然。二害相權取其輕，我寧可保守些。」

「原來是這樣。那就等長大以後，再看看能否運用醫美的方法，處理傷疤吧。」

聽完我的解釋，太太對於不縫線一事，也就釋懷了，但她對於褓姆沒有照顧好弟弟，以及事後的處置，深表不滿。

「我想要換褓姆。」

「我理解妳很心疼弟弟，我也非常捨不得。只是弟弟已經適應褓姆家的生活了，而除了這件事之外，其它部分也沒什麼問題，換褓姆的事，能不能再考慮考慮？」

「我總覺得她們沒顧好弟弟，我不容許這種事再發生。」

「記不記得，弟弟出生沒多久，我就告訴你，他的眼睛方面較弱。這次的事件，其實就應了這樣的數。」

「我記得你會說過這件事。你的意思是這是他命中的劫數，是嗎？」

我點點頭說：「因爲八字的年柱，主掌一個人的早年時期，但弟弟的眼睛，並沒有先天上的問題。所以，我只想到會近視，或是結膜發炎等問題，沒想到是這種嚴重的裂傷。」

「你這樣說固然沒錯，但我還是對褓姆的照顧和處理不滿意。況且，狗的問題，一直是我心中的隱憂。誰知道，這次是不是狗狗惹的禍？就算這次跟狗沒關係，誰敢保證，哪天弟弟天天跟狗玩的時候，不會被狗狗咬傷？尤其是那隻哈士奇，我看了都害怕，眞要出事，可不是開玩笑的。」

我拗不過態度堅決的太太。但是，現在這個時機要換褓姆，確實有點困難。

「現在沒有空檔另外找褓姆。而且，妳能保證新的一定比較好？萬一弟弟去到新褓姆家，不適應新環境，那該怎麼辦？」

「唉……這確實是個難題。」

「這樣好不好？現在暫且忍耐，再等二個月，等到暑假，我們把弟弟帶回來自己帶，再一邊找尋新褓姆接手，萬一不適應，我們也可以再找過，直到找到滿意的新褓姆為止。」

太太考慮了許久，認同了我的提議。

所以，弟弟還是繼續由原來的褓姆照顧，但太太還是反覆交待，弟弟和狗狗在一起時，一定要小心。褓姆兩夫妻一再保證，一定會嚴加注意。日子一天一天過去，弟弟的裂傷早已癒合，但也留下了明顯的傷疤。轉眼間已經到了暑假，太太又再度提及換褓姆的事，並開始四處打聽、尋找新褓姆。直到那天的事發生。

那是剛放暑假不久的一個傍晚，太太正幫弟弟洗澡。澡盆裡放了幾個玩具，讓弟弟可以邊洗邊玩。有黃色小鴨、橘色乒乓球，一隻綠色暴龍，還有一個黑白相間的小足球。洗完澡，弟弟意猶未盡，所以太太就讓他在澡盆裡多玩一會兒。到了要穿衣服時，一個不小心，弟弟的衣服掉在地上弄濕了。

「你好好坐著玩，媽媽去拿衣服喔。」太太轉身往臥室走去，弟弟自顧自的繼續玩。

「哇！媽媽，媽媽」聽到弟弟的大聲哭喊，太太飛奔衝向浴室，「怎麼啦！」定睛一看，差點沒暈了過去。原來，弟弟的足球掉出了浴盆，他想去撿玩具，站起身來，走出浴盆，突然重心不穩，往前滑到，不偏不倚，撞上了前方的馬桶邊緣，在舊傷的旁邊，眼瞼的中間位置，碰出了新的裂痕，迸出了血。

聽到太太的叫喊，趕忙叫她把弟弟衣服穿上，我抱起他衝下樓，開車送到上次那家醫院，掛了急診，處理傷口。醫生走進來「小弟弟怎麼了。」一看到我們，他快速收起笑容，又是上次那個醫生，這次傷口將近一公分，他快速處理完傷口，走出了急診室，這次，他沒說縫針的事。

回到家後，妻子自責不已。但她也不得不承認，這確實是弟弟八字所帶來的劫數。因爲這件事，她也就把換褓姆一事擱下了。

「爸爸，球球。」兒子對滾過來的球喊著。

「來，球球給你。」我把球塞到他手裡，抱起他在我大腿上坐著，輕撫著他眼睛旁的傷痕。

兒子眼睛受傷這件事，給我很大的衝擊，人們常說「人算不如天算」，其實，不單是指人智不如天意，還有很大一部分，是因爲人的思考難免會有「盲點」。以眼睛較弱，比較容易出問題這件事來說，我們比較容易想到近視，或是眼睛方面的病症，卻沒想到是這種撞擊的裂傷。但話又說回來，就算我的思考沒有盲點，能預知弟弟撞傷眼睛，我又眞的防得了、避得開嗎？

緣分

從小，我的個性就比較規律嚴整，凡事設定目標，嚴格制定細項要點，然後一切就按計劃執行。我始終相信「有志者事竟成」，所以，博士班該多久修完課，何時該資格考，發表單篇論文，最後，寫出博士論文，完成口試，拿到學位，都在計劃之內，逐一達成目標。拿到助理教授後，算準升等的年限。同樣也是制定計劃，每八至十個月發表一篇論文，最後升上副教授。

在這些過程當中，如果計劃的執行，稍有落後，我一定給自己壓力，甚至犧牲與家人相處的時間，催逼著自己趕上進度。當然，這樣的性格，無形中也給我自己帶來不小的壓力。但我總覺得，人生就該這樣，可以說，我就是個不折不扣的「計劃控」。

不只是升學和工作，就連我的人生大事，都按照「規劃」進行。因爲結婚後，不想太快被孩子打擾，所以考上研究所時就結婚了，因爲這樣才能享受幾年，不被打擾的二人生活。三年後，迎接第一個孩子，間隔三年，再添一個孩子，再間隔三年，才有了老三。

俗話說「江山易改，本性難移」，這種計劃控的性格，一直到升上了副教授，都還是如此。我想，這輩子應該就這樣了。萬萬沒想到，在爲客人算命、影響別人的同時，我也被客人的遭遇給改變了。關鍵就是這三個客人，在短短的二個月內接連出現，所造成的。

第一位出現的客人是台中的吳先生，時間是2016年的五月份，他先是透過電話，預約了某天的下午要來頭份八字論命。當天下午一點半，吳先生第一次打電話來，他才剛下頭份交流道，由於車上沒有裝導航，所以先打電話來問了路。由接電話的家人，告訴他路線。過了大約十五分鐘，吳先生又打了通電話。

「你好，我是吳先生，我已經到了剛才你說的頭份下公園附近了，接下來該怎麼走？」吳先生一邊開車，一邊打開擴音問路。

「你有看到什麼招牌，或是特殊的地標之類的嗎？」

「噢，這前面有一塊『阿賓魚丸』的招牌。」

「『阿賓魚丸』喔，那就在附近了，距離博士命理只有一百公尺左右了。」

「接下來我該怎麼走？」

「你先往前走，十字路口右轉之後，往前走五十公尺到路底，那條路就是銀河路，接下來再右轉往南前行，就會找到銀河三街，街口還有博士命理的招牌，從招牌的路口彎進來，就可以找到了。」

「好的，謝謝。」

時間一分一秒過去，遲遲沒有看見吳先生進門，再一次接到吳先生的電話，已經是大約二十分鐘之後了。

「你好，我是吳先生，我一直沒找到銀河三街，我現在的位置在頭份大潤發附近了，接下來該怎麼走？」

「哇，你現在的位置，距離博士命理已經快一公里了。你可能轉錯彎了，沒關係，你按原路回頭走，先回到『阿賓魚丸』，然後……。」

在電話中，再一次詳細告訴他，博士命理的正確位置，還有要如何走。那是最後一次接到吳先生的電話。當天下午，始終都沒有見到吳先生進門算命。晚餐時間，家人不免七嘴八舌，談論起這個距離一百公尺，卻進不了門的客人。

「好可惜，他可能聽錯轉彎的方向了。」兒子說。

「說不定他彎對方向，但沒看到招牌，錯過了。」大女兒說。

「我就告訴過你，路口招牌要換大一點的，比較顯眼。」母親一直慫恿我換招牌。

「就唯獨他沒看到，別的客人怎麼都沒這個問題？」我說。

「也許他突然接到電話，有急事必須離開。」小女兒說。

「可能是爸爸今天財運比較差，所以要少賺點錢。」太太笑著說。

「這樣講似乎不無道理，但是，對於我這個算命師來說，少了個客人，只不過是少了一筆的測算費，影響不大。對於一個想要算命的人來說，卻可能錯失了正確分析人生方向的機會。讓他以後面臨抉擇時，依然陷入迷惑，甚至做出錯誤的抉擇。我想進不了門的最大原因，是因爲那位客人的運勢太差。」

「這樣說好像比較有道理喔。」大家異口同聲說。

既然透過網路有緣看到博士命理，也有動力從外縣市趕來，打了三次電話，距離一百公尺，卻在最後的時刻放棄了，只能說他目前的流年運勢太差，促使他進不了門找我論命，揭開自己命運的面紗。說得透徹一點，此人的運勢一定正值烏雲罩頂之時，要見到陽光，恐怕還得再等等了。

第二個例子，發生在不久後。一位從新北市新莊區來的王先生與妻子，一起光臨博士命理，進行八字論命。王先生是傳產業的老板，廠辦位於新北市新莊區。二人在八字論命結束後，提出了風水佈局的要求，在看了我的排班預約表之後，我們敲定了隔週的星期六，爲他們進行風水佈局。到了約定看風水的那週，氣象預報會有颱風生成，於是，王先生打了電話給我。

「劉老師好，聽說這週會有颱風，那該如何是好？」

「先看看颱風的後續發展吧，如果到時候風雨比較大，我建議把行程順延。」

「好的，那就再等二天再決定。」

果然，最後颱風生成，並影響到台灣北部，到了預定要佈局的前二天，剛好遇上颱風侵擾，北部風強雨驟，各縣市都在考慮放颱風假。考慮到交通問題，我於是主動打電話給王老板，先取消了這次的風水佈局。第一次的計劃無法執行。

接著，我們又約好二週後的星期六，到新莊爲王老板進行風水佈局。到了前一天的中午，約定好的事情，又有變化，這次是王老板打電話給我。

「劉老師，很抱歉，工廠方面，由於工人操作機器不愼，導致機器整個燒壞，這二天爲了解決這個燃眉之急，實在是沒有時間處理其它事情，風水佈局的事，能否就先暫停了。」

「沒問題，王老板，我們事後再約時間吧。」

一個多星期後，王老板處理完工廠的事之後，再度打電話給我，敲定風水佈局的時間，時間定在約莫十天之後。到了第八天，王老板又打電話給我，要取消風水佈局。原因是他的貨，出口到美國，遇到大買主認爲「品質」方面有問題，他必須親自飛到美國，去進行危機處理。就這樣，三次預約，最後都因爲有事而取消了。

然後呢？第四次預約呢？沒有第四次，最後風水佈局的事，就這麼擱下了，從此再也沒有王老板的消息。「船過水無痕」，就好像這件事從來沒發生過一樣。第三個例子更有趣。隔沒幾天，一位台北的許姓客人預約好，當天下午二點算命。

時間過了二點多，客人卻遲遲未現身，心裡想，大概是路上交通狀況的問題吧，再加上對頭份不熟悉，遠地客人有時會遲到，是在所難免的事。二點二十過去了，客人還是沒有出現，二點半、二點四十五，三點整……客人依然沒有出現。

一般來說，有些遠道而來的客人，如果眞的碰到了一些交通狀況，都會非常客氣的打電話來告知。一直到三點多，客人始終都沒有出現，而且連通電話也沒有，我想他應該是不會出現了。開店久了，什麼樣的客人都會遇到，當然也會有類似這種，不來也不電話通知的顧客。

當天晚上七點多，我吃完了晚飯，正在看電視新聞，碰巧這時電話響了，所以，是由我親自接聽電話。電話的那頭，正是今天爽約的台北許先生。

「請問是劉老師本人嗎？我是今天去算命的台北許先生。」

「是的，我是劉老師。」心裡想，今天等了你那麼久，明明就爽約了，還說今天來算命。雖然心裡有點不悅，但還是耐著性子回答他。

「劉老師的聲音，聽起來還蠻年輕的。」對方說。

「也不年輕了，四十多歲了。」我淡淡的回答對方。

「所以，劉老師您今天不在家，出門去看風水了嗎？下午那位老算命師，應該是您的父親吧？」對方進一步問。我心中想，你今天爽約就算了，又何必再打電話來說一堆五四三的，心中不免有氣。

電光石火間，我突然懂了！

原來，在博士命理的巷口小招牌之前，約莫一百公尺左右，是我同行的一家相命館。無巧不巧，負責人剛好也姓劉。這家相命館在銀河路上，而博士命理的所在地是銀河三街，是在銀河路的巷子裡。

以招牌來說，他的招牌，足足有我的三、四倍大，顯然比博士命理的招牌，要醒目多了。而從高速公路的交流道下來以後，也確實會先經過那家相命館。想來，許先生先一定是看到那家相命館，誤以爲抵達目的地，就走進了那家相命館算命了。

「我回來後，心裡就感覺有點怪怪的，所以才會打這通電話，想確認一下。

可是，我進門時稱呼劉老師，那位老算命師也沒否認，態度自然的回答我，彷彿他就是劉老師的感覺啊？」許先生說。

「事有湊巧，那位老算命師，確實也剛好姓劉，這點倒不是他刻意說謊。」我解釋給許先生聽。

「所以，結論是我今天跑錯地方了，對嗎？」許先生語氣有點無奈的說。

「無妨。我相信老算命師為人算命多年，也是很有經驗的算命師，既然你今天算命解惑的目的達到了，也就不必理會替你測算的是我這位劉老師，還是那位劉老師了。」我這樣安慰許先生。

事後，許先生還有再度光臨博士命理嗎？並沒有。只能說，比起我來說，他與那位劉老師的緣分更加深厚吧？

二個月內集中發生的這三件事，讓我不由得靜下來好好想想，它似乎讓我內心深處的某個角落，產生了鬆動。慢慢的，我不再一切照計劃，望著目的地，只管埋頭趕路。漸漸的，我比較懂得有時得暫歇一歇，把握當下難得的時光，欣賞沿途的風景。也不再因為進度問題，給自己太多壓力，犧牲人生中其它重要的事。由衷感謝這三位客人，替我上了一堂人生哲學的課。讓我有機會，更喜歡現在的自己。

天機

「算命師爲人指點迷津，有時會提醒當事人要避開某些災厄，這種洩露天機的事，會不會替當事人背業障啊？」

某一天晚上，太太向我提出了這樣的疑問，此事發生於我開始在頭份土地公，義務爲人測事幾個星期之後。身在台灣，相信類似看法的人，爲數不少，以免她擔心，我得用她能理解的方式，好好解答這個問題。

「如果眞的是這樣，那所有算命師一定都會生意興隆，財源廣進。」我說。

「爲什麼？」

「因爲每個人只要找算命師算命，就可以把業障讓渡給算命師，達到改運的目的。假如運勢太差，一個算命師不夠，還可以多找幾個算命師算命，那算命師生意能不好嗎？事情有那麼簡單嗎？」

「這樣說好像蠻有道理的。」

「凡事如果都從業力的角度來看問題，爲別人解除病痛，就是替別人解除業力。那麼所有的醫師，平日爲人診療治病，透過其專業，減輕或根除命主業力所帶來的苦痛，那不是該爲當事人擔負業力嗎？尤其是那些外科醫師，有時透過手術挽救別人生命，那不就該比一般醫生承擔更多的業障。照這樣來看，在急診室擔任醫師，每天的工作就是在死亡邊緣，搶救病患生命，豈不是就是罪大惡極了嗎？」

「沒有人會這樣想吧？」

「是啊，我相信稍有判斷能力的人，都能輕易地看出，這種觀點是多麼荒謬的事。」我接著說：「正常的人都能判斷，像急診室這種搶救生命的醫師，是非常難能可貴的醫師，對社會有極大的貢獻。所以社會上對於這些醫生，才會如此尊崇。如果你能明白這點，類似的質疑，便可不攻自破。」

「說得很有道理，所以我的擔憂根本是庸人自擾。」

「不然的話，所有助人或救人的工作，不都要爲對方背業障了嗎？那還有誰敢救人助人呢？像那些救生員，消防隊員等等，我想都沒人敢當了吧？」我說。

「所以，算命師幫人論命，提醒當事人避開某些災厄，也是助人，類似算命師泄露天機太多要背業障的說法，也同樣是不可信的。」她說。

「還有一種延伸的說法，妳應該自小就聽過，那就是『算命師必先孤、寡、殘』，有聽老人家說過嗎？」

「確實有聽過，我小時候村裡的算命師，就是一個小兒麻痺患者，他不只會算命，還兼做收驚服務。小孩子半夜睡不好、整夜哭鬧，父母都會帶著小孩子的衣服，去找他收驚。」

「事實上，這是一種『倒果爲因』的謬誤。」我停頓了一下，喝了一大口茶，接著說：「試想，在五十年前，沒有網路，就連無障礙設施都沒有，像乙武洋匡和火星爺爺這樣的身障人士，不但很難得到良好的教育機會，更遑論開展如此精彩的人生了。」

「對吔，除了算命師，小時候看到的身障人士，比較常見的職業，還有鐘錶修理師，以及刻印章的師傅。所以說，『算命師必先孤、寡、殘』，其實反映的是，在當時社會現實下，身障人士的選擇非常有限。」

「沒錯，所以我才會說這只是一種倒果爲因的錯誤觀念罷了。身障人士活在現代網路便利的世界，早已跳脫那種選擇性不多的侷限了。」我接著說：「身處現代，在你印象所及的身障人士當中，就不乏一些傑出的專業人士。他們的選擇當然就更多了，而你身邊的身障人士，有可能在從事一般人都不了解的比特幣挖礦事業，他甚至可能是一名刻意隱藏身分的駭客呢。」

「有道理。聽你這樣說，我就不再擔心了。」

和太太討論這個話題後不久，二人看電視時，就看見一個慣常在電視上插科打諢的算命師，提到「外傳算命師洩天機，幫人算命時，直指對方問題，對方因此避開了血光、刀傷，但這累世的刀債、血光債，最後得由自己來背，恐遭致自己孤老殘疾，他坦言自己現在已經一身病痛，包括十二指腸潰瘍、腸躁症、脹氣，甚至已經開始漏尿，所以，他現在每年捐五十萬幫自己消災解厄。」

「他爲什麼要這麼說啊？」太太說。

「我替妳翻譯翻譯他話裡的意思，第一，我的功力高，能夠洩露天機。第二，我都替你們消業障，你們還不快來找我，收費再高，你們都應該欣然接受。」我接著說：「還有，我每年都捐錢喔。」說罷，二人莞爾一笑。

我成爲命理師之後，對相關問題，又有了更深一層的理解。

專職爲人算命看風水以後，心中不免產生疑惑，尤其是當我看到那些生意很差的商家，或是環境破敗的住家。心裡難免會想，既然風水調理那麼有效，如果讓我進行風水佈局，眞的能夠讓這些人的運勢有所改善嗎？

開業第一年所遇到了二位客人，解開了我的困惑。這二位客人恰好都是本地人，第一個客人是男性，年紀五十歲左右，姓吳，他是在朋友的推薦之下，來到博士命理，主要想詢問看風水的價格與相關問題，以及他的人生命運。

由於我推算出，他這幾年遭遇的人生問題。於是，他把自己的故事告訴了我。他是一位廚師，原本一家三口租房子住，各方面生活也還不錯，漸漸地，他存夠了錢，四處看房子，最後看上了頭份交流道附近的房子，裝修後住了進去。

短短不到四年的時間，他工作丟了，失業在家，經濟困頓，與老婆衝突越來越多，老婆一氣之下，不告而別。他心情不佳，借酒澆愁，又與唯一的兒子起口角，還因為一時情緒不佳，出手打了兒子，導致兒子也離家出走，至今未歸。現在，整個家剩下他孤身一人。

「劉老師，我家的風水是不是有問題？」他問。

「你家的風水當然有問題，簡單來說，才短短四年之間，就搞到這步田地，這肯定屬於丁財兩敗的風水格局。你原本租屋處的風水，肯定在丁與財二方面，都優於現在的房子。」我說。

他結束論命後，問我潤金多少錢，我告訴他之後，他將身上的錢悉數掏了出來，放在桌上。並說：「老師，不好意思，身上只剩一千二百多塊，你稍等我一會兒，我去領個錢，馬上就回來。」

「不用麻煩再跑一趟，就當做有緣吧。」我說，最後只向他收了一千元。

「謝謝劉老師，等我經濟好轉以後，一定請老師到家裡來看風水。」

我點頭稱好，但心裡明白。他現在運勢很差，正處在人生的最低潮，連來算命的錢都湊不出來，而且還有幾年的運勢低谷要走，又怎麼可能請我去看風水呢？

這個例子，讓我充分瞭解問題的關鍵，並不在於風水佈局，能否有效地調整人的運勢，而是這些人根本沒有條件，請我去調理他家的風水。

另一個例子是一位女性，三十六歲的沈小姐，她在小學擔任代課老師多年，感情路上始終空白，她也是經由朋友介紹，來到博士命理論命，論命之後，她提出了看風水的要求，並且要求我在風水佈局時，爲她催動桃花。

就在沈小姐離去之後，我反覆推敲她的命盤，命盤顯示，除了先天命盤的問題，她未來三年之內，異性緣的氣數太差。那究竟我爲她催旺桃花之後，會產生什麼效應呢？我操作風水多年，知道利用風水催動桃花，必然能夠有效增進異性緣，但老實說，還眞沒碰過異性緣氣數這麼差的命盤。

風水調理與命運，到底何者占據上風呢？我心中不免疑惑，又或許，我這麼想著，催動桃花之後，可以讓她增加異性緣，交上男朋友，但最終因爲種種因素，導致分手收場，致使她這三年無法走進結婚的禮堂吧？這是我心中想到比較可能的答案。但就在看風水的前一天，沈小姐的一通電話，解開了這個謎團。

「劉老師您好，我是沈小姐。」我聽了以後說：「沈小姐好，正想提醒你，明天早上要看風水，別忘了。」她回說：「很抱歉，劉老師，因爲在跟家人討論之後，他們對於風水佈局，心存疑慮。所以，要先取消明天的行程，風水佈局的事，就請暫緩了，等我說服家人之後，再請老師幫我進行風水調理。」我回覆：「好的，沒有問題。」

自此之後，沈小姐就沒有再聯繫了。這二位客人，讓我解開埋在心中已久的疑惑，說穿了，這些都和當事人的氣數高低，脫不了關係。

而開業第三年發生的這件事，更讓我對於所謂的「天機」，有了深刻的領悟。這是個測事的服務，發生於在二〇一六年的秋天，客人是來自新北市的林先生夫婦，她們夫妻倆，曾經來博士命理八字論命過，這次是第二次來苗栗問測。

兩夫妻在新北市新莊區經營補習班，測事的當天，剛好是小學的運動會，補習班停課一天。林太太是屏東人，就在放假前一天，林先生開著車，載著太太回娘家，約好第二天的下午一點十分左右，到博士命理進行測事諮詢。

一般來說，第一次測算的人，一定是先八字論命，好瞭解人生運勢的吉凶與起伏。第二次以後，則是針對單一事件，進行細部的測算，必須依時間起卦，來看整件事情的發展過程。

臨近中午，家人第一次接到林先生的電話，他說：「不好意思，我在國道嘉義段遇到施工，有塞車的情形，可能會晚點到。」過了約莫一個小時，家人又接到他的電話說：「抱歉，我人在彰化，路上遇到了車禍，國道嚴重塞車，不好意思，會更晚才能到。」

接電話的家人，叮嚀林先生無需趕，開車要小心，慢慢來無妨。就這樣，林先生在這之後，還打了二次電話來，包括國道上的一輛貨運車翻車，導致塞車；還有在台中時，又遇到了一次國道車禍。他一路打電話來，通知我們延後抵達的消息，並且一再地致歉。

就這樣，原本約定下午一點十分測事（下午一點到三爲未時），卻一直等到三點二十五分（下午三點到五點爲申時），林先生才跨進博士命理的門，一人一進門就連聲的抱歉。

測事的方式，是利用測事當下的時空來起卦，也就是以當事人來到博士命理的時間，做爲基準來起卦。於是我就依照申時起了六壬課，爲他們測事。他們主要問測關於補習班的經營問題。補習班登記在林太太名下，所以必須以林太太爲當事人，來進行測事。

我說：「妳的脾胃消化系統，最近不太好。」我對著林太太先說了這句話。

（她在六壬課式中被丑土所剋，丑土主脾胃，所以斷她脾胃消化系統不好。丑為艮卦，艮主手，主背部。）林先生回答：「老師您說準了，我太太最近常常胃疼。」

我接著說：「妳的背部與手部的筋絡，最近也常常不舒服。」

「老師說得對，我最近常背部不舒服，手也循環不良，常感覺麻麻的，所以最近常常去做物理治療。」林太太證實了我的斷語。

「你們補習班的經營自一〇三年開始，就已經開始不太好了，這二年來，更呈現了逐漸下滑的局面。」我說。

林先生回答：「確實像老師所說的那樣，自一〇三年以來，補習班的經營越來越辛苦。而且有點每況愈下的情形。」他接著問：「劉老師，現在的問題是，我是不是應該加大投資本錢，如果說我再花錢做廣告、行銷我的補習班，甚至請人重新裝修，花上一筆錢，能不能讓補習班恢復前景？」

「從這一卦看來，補習班難以起死回生了，縱使加大投資，也無法挽回局面了，我不建議這麼做。」我告訴林先生。接著還針對此事，就卦象所顯示的信息，對他們進行指點。

林先生說他會聽從我的指點，不再加大投資補習班。未來再看看有什麼其它機會，再來進行投資。接著，我從八字命盤中仔細分析，指點他一個大致的方向。

送走了二人，基於研究的興趣，我另外起了未時的卦，來與申時的卦進行比對，比對之後發現，如果用未時的卦，則上述的斷語一句都出不來。

一個約好一點十分（未時）進行測事的人，一路上碰到各種狀況，進門時已經是三點多（申時）。起申時的時空卦之後，竟能準確測斷他的事件。由此可見，這些都不是人力所能主宰的，老實說，這才是「天機的顯現」。剎那之間，我徹底領悟了時空卦的深刻含義。原來「什麼時間點，什麼人來到此處問卦，實乃『天定之數』。換句話說，什麼人在何時問測，完全由『天』而不由『人』。」

一般功力不足，或是只懂算命的算命師，恐怕不懂時空起卦的精義。我隨著多年來為人測算，這種實例越來越多。這些經驗讓我覺悟，「天機」自有安排，又豈是像我們這種凡夫俗子有能力去洩露的呢？

算錯

關於算命出錯這件事，我有一位師父曾經說過：「身爲算命師，你會遇到一些難題，有些與命理有關，有些與命理無關，而當有一天，你願意算錯時，你的境界就更上一個層次了。」當時，我正在學習這些算命理論，還未開始爲人算命，不解其意。算命經驗漸多以後，才瞭解到算錯確實有不同層次。

不少客人有多次算命經驗，甚至喜歡到處算命。所以，有些人會在我算命的過程中，提及某次算命時，某算命師的說法，在這些人當中，要以李小姐，最令我印象深刻。

李小姐是台中人，在看到博士命理網站後，專程開車從台中到頭份，找我測算命運。她本人研究命理多年，也能以八字與紫微排出命盤來，爲自己看看運勢走向，但她始終覺得有些不太對，與現實人生出入頗大。因此，特地從台中來向我討教。她的八字是庚戌年，戊子月，辛未日，壬辰時。

遇到懂得命理之人，話匣子不知不覺就打開了，在我排定八字，仔細分析她命局的同時，李小姐說：「我和母親分別找過頗有名氣的老師算八字，二個老師都說，由於我五行屬金，身弱，因此，要以土爲命局用神，金會來泄土，不利，火能生土，因此，火對我有益。」她接著說：「因爲這樣的緣故，他們都叫我不要戴金飾，多穿土色的衣服，火色系的服飾也不錯，因爲火能夠助益土的力量。」

我聽了她的一番陳述，發現這番說法問題大了，完全與她八字命局所顯示的信息不符。說到這裡，她稍稍停頓了一會兒，但聽得出來，她還想繼續說。我喝了口茶，靜靜聽著她陳述。我說：「沒關係，請繼續說。」

「我聽了這些老師的話，從事了好長一段時間的土地仲介工作。」她喝了一口帶來的咖啡，繼續說：「不但如此，我還聽從母親的建議，每天起床之後，一定先打開瓦斯爐點燃爐火，用來燒開水喝，以火的力量來增旺氣數。你看，我今天就是穿著紅色搭土色系的衣服，我衣櫥裡非常多這類顏色的服飾。」

我回答：「妳本身五行屬金，這是對的。但是，以土爲命局用神，並因爲火能生土，所以把火視爲喜神的看法，就大有問題了。」她反駁：「八字身弱，取印星土爲用神，來生扶日主，這樣不對嗎？一般八字命理的書都是這麼論的，我們算過的二個命理老師，也是這麼說的，這難道會有錯嗎？」

「這是一般算命師與八字書籍的盲點，只從身旺身弱來思考。要找用神，首先得找出這個八字的病症是什麼？而用神就是用來解決病症的『葯』，妳得先把這個觀念扭轉過來才行。」

「那劉老師覺得我八字命盤的病症何在？該取何者爲葯？」

「這個八字最大的問題，不是身弱，而是土多爲患，『土多金埋』，處理土多的問題才是關鍵，應當要取金來泄土，要以年干的庚金，作爲命局的用神才對，取土爲用神，根本解決不了命局的問題。」

「我們算過的二個命理老師，都是這麼說的，這難道會有錯嗎？」。爲此，李小姐提出了一些論據，來質疑我的看法。她還報出那二個算命老師的名號，二人確實都是頗負盛名的老師。

「妳不必急，我直接論斷幾條信息，妳就知道我的觀點對不對了？」她聽了點點頭。我接著說：「如果妳取的用神是對的，那麼妳與母親的關係，必定很好，因爲印星爲母，母親必定對妳幫助不少。但是，我認爲妳與母親關係並不好，她對妳並無助益，對吧？」李小姐回答：「我與母親確實關係不算好，她自小對我雖然照顧，但也給我很大的壓力，尤其是她都不問我眞正想要的是什麼，總是想強力主導我的人生，讓我很受不了。」

雖然我斷準了，但從她的眼神看來，還是充滿了狐疑。於是我接著說：「妳從事土地仲介買賣時一定非常疲累，壓力很大，工作上十分不順心。」李小姐再次點了點頭，從表情上看來，她懷疑的心緒稍稍緩解了。然後我又說：「妳與異性的關係不好，如果妳在二十三歲歲以前，也就是丙戌大運期間交男朋友，一定會被男人傷得很重。」李小姐先是怔了一會兒，輕聲歎了口氣，接著苦情地點點頭，並且回答：「我在二十三歲以前確實交了男朋友，也的確被男人傷得非常重。」想起過去，李小姐眼眶濕潤，幽幽地向我道出了她的傷心情事……。自此之後，讓她對於感情之事產生恐懼，也因爲這樣，她四十多歲還未嫁人。而從她的表情與說話的語氣看來，她對我剛才的說法，已經不再懷疑了。

我又說：「火主南方，因此，像妳這種八字格局的人，越往南方，發展肯定越不利。」李小姐聽了之後猛然點頭說：「我幾年前曾往台南發展，結果被人所騙，還遇到了不少小人，最後，還是選擇回到台中發展。」我接著說：「還有，火的顏色爲紅、紫、橙色系，妳認眞想想，如果以前八字算命是正確的話，妳應該非常適合這些顏色，但依我的看法，這些顏色對妳而言，有害無益，妳仔細想想就能瞭解了。」李小姐稍稍回想了一下後說，她幾年前依據八字分析的信息，買了紅色的車出事，當天還穿了紅色衣服，結果發生了非常嚴重的車禍。

「劉老師，我的衣櫥裡紅、紫色系的衣服很多，那該怎麼辦？」我笑著說？

「那得花一點錢，重新買過了，至於那些紅、紫色系的衣服，送給別人吧。還有，以後每天起床之後，不要再燒熱水喝了，這樣只會適得其反。」

這是一個算命不準的案例，我開業之後，每個月都會碰到類似的例子。這種情形大部分都是因爲用神取錯所導致，這些屬於和命理有關聯的。還有無關乎命理的，且讓我先說一個測算客人——台北陳先生的故事，你就會明白爲什麼了。

陳先生有一個不同於常人的人生經歷，他是一個靠賭博維生的人。他說自退伍後，總共只做了七十天的工作。他覺得工作太累、太辛苦，於是終生沒有再做過一天的工作，他說自己對賭博有天賦，所以，自年輕開始，他就是靠賭博過日子。

陳先生年紀約莫五十出頭，他的八字命盤屬於丁火人，二十到二十九歲這步運走庚子大運，大運逢正財庚金。正財爲妻，大運逢正財，又引動了夫妻宮，照理說應該要在這步運上結婚。

「陳先生你是在二十九歲前結的婚！」我斷言。他聽了之後說：「劉老師，你前面斷的都很準，但這點你確實斷錯了。我這輩子並沒有結婚。」

但是，在算命快接近尾聲的時候，陳先生好似突然想起什麼事一樣，打斷了我算命的過程，並且說「其實劉老師這麼斷，好像也不能算錯。」

「什麼意思？什麼東西不能算錯？」我被這突如其來的一句話，弄得滿頭霧水。他指著後方沙發上的女人說：「她在二十多歲起跟著我，一直到現在，二十多年了，二人始終生活在一起，我們一直沒有結婚。因爲自小父母就離婚了，導致我的童年非常不快樂，這經歷讓我印象深刻，加上我也很討厭小孩子，所以，我們也沒生小孩。」

這個例子讓我思考了很久，在這個問題上，我到底斷錯了嗎？但不論如何，這屬於認知的問題，與命理專業較無關。另一個讓我印象頗爲深刻的案例，則是從新竹來的黃小姐，原因是她把心中的「不滿」，直接表達出來。

她是在民國一〇五年來到頭份算命的，就在算命之後的第二天，在網路上的Google評論上，看到她給了博士命理留下了負評。不只如此，她還用e-mail給我寄來了以下的信件。

劉老師您好，

我是前天找您論命的黃小姐，……我覺得是「心」決定了事情的好壞，光以論命來說實在太籠統，也不盡正確。如果我在二十幾歲找你論命，我可能會想去跳海，我會覺得人生不再有意義，可是現在我對於人生卻有另一番思維，……

風險管理師的定義是告知風險並加以管理，讓人生一帆風順。但你只告知我可能會有的風險，這些是我一直都了解的，卻沒有幫助我管理，這不是一個風險管理師。

老師，很抱歉，以上我所說的若有得罪先跟您道歉，楊柳長越高頭垂得更低，謝謝你告知我一直以來我都知道的風險，……我相信這些我也可以度過，我以後的人生就是通往A級人生的路。

面對黃小姐的不滿，我無從辯解。算命師所謂的「風險管理」，重點在於算準人生運勢起伏（說真的，這其實非常不容易），在哪些時間內，該注意哪些問題，讓測算的人知道了問題之後，管理自己的人生風險，進而趨吉避凶。

其實，算命的過程，我已經隱隱然覺得不對勁了，我告訴她：「這個八字心臟欠佳，還要注意發燒發炎。」，她說：「我身體一向很好，沒有這些問題。」我提醒她：「這個八字在夫妻關係上容易衝突，經營上不容易，要特別提防，尤其是未來二年……。」她反駁：「我們夫妻的感情很好，老公對我一向很好，這方面不可能有問題。」我還是提醒她，這二年流年不利，凡事要小心。話不投機之後，黃小姐就刻意保持沉默，直到結束前，都沒有再提出異議。

老實說，我不是seefood，也沒有法術，更不會變魔術，我真的無法「告知風險並加以管理，讓人生一帆風順」。管理風險的責任，還在於當事人自己。

這就好比身體檢查之後，醫生告訴你肝臟不好，喝酒太多會加重肝臟負擔。你平常很愛喝酒，但你會不會要求醫生直接「管理肝臟風險」，讓你可以每天繼續豪邁的喝酒？我想正常的人都應該知道，自我節制別喝太多酒，純粹是自己的責任，而非醫生的工作吧？

沒有人能夠做到百分之百令顧客滿意。就算最權威的醫生，也有治不好的病人，更別說神仙打鼓都有時會打錯。所以，對於黃小姐的負面評價，我坦然承受。只能說，二人對於算命這件事的認知，差距太大。

但就在一〇七年八月份，我接到了一通新竹客戶的電話，要請我去看風水，一切都談好了，掛斷電話之後，我感覺對於這個聲音似曾相識。於是我又撥了電話過去，想確認一件事。

我說：「我是博士命理劉老師，請問妳是黃〇〇小姐嗎？」對方說：「是的，老師你記性眞好。」我的判斷果然沒錯。於是我說：「很抱歉，基於上次的經驗，我想我沒辦法幫妳看風水，要麻煩妳另請高明了……。」

我拒絕她二天之後，又收到了黃小姐的來信。

老師，不好意思，之前傳給你的信件也許有得罪的地方，這二年是我人生中最不順的時候，跟你當時預測的一樣，而且是連我自己都沒想到會這樣，我應該要自我反省了，你真的跟很多命理師看到的不一樣……。

黃小姐的來信讓我知道，我的命理專業並沒有「漏氣」。她的人生運勢起伏，還是依照當時測算的軌跡在進行。我不想再替她看風水，一來確實是因爲第一次不太愉快的經驗，二來我也怕她對看風水有不切實際的幻想，以爲看風水也像算命一樣，具有改變一切的神奇魔力。我只能誠心的祝福黃小姐突破重重難關，最後能像她自己所說的「相信這些我也可以度過，以後的人生就是通往A級人生的路。」

黃小姐算不準的例子，也與命理專業無關。最後一個有關算不準的例子，情形則是完全不同。這也是發生在一〇七年的秋天，一位來自竹南，年紀四十多歲的李先生。排定八字，確認用神之後，開始論命。

「你自三十四歲開始的己未大運，是步極其凶險的厄運，己未皆屬土，而己土是財星來剋制用神，財星主女人與財富，你這步運在財富和女人方面，可以說非常不利。」只見他苦笑著點點頭。我繼續說：「尤其今年戊戌年，在這二方面更是凶險，投資方面肯定要破財，投資越大，破財越大，感情方面更不順。今年可以說是非常難熬的一年。」

他回應：「確實，該破的大財確實破了，該離的婚也離了，可惜我太晚來找劉老師了。難道命運眞的就無法改變嗎？」我說：「趨吉避凶的關鍵就在於順勢而爲。以這步財運不濟的大運來說，在財務方面就該儘量保守，不宜冒進，好好用心經營家庭，多陪陪老婆孩子。越是逆勢操作，只會摔得越慘。」

「一切都已經來不及了，我前年底聽信朋友的話，向銀行貸款融資，擴大公司的經營規模。去年年底開始，公司的貨出了幾次品質方面的小問題，今年過完年，訂單方面就開始走下坡了。今年夏天，又因爲下游廠商跑路，貨款沒拿到，一連串的打擊之下，最後只得宣告倒閉。不但經營六年多的心血付之一炬，清算下來，我還欠了七百多萬。唉！」聽他長歎一聲。我說：「這的確是逆勢而爲，只能摔個大跤。」

「偏偏老婆不但沒有共體時艱，還在丈母娘的慫恿下，提出離婚，要逼我把二個孩子交給她，並向我討撫養費，簡直就是落井下石。幹！還說喬不攏，她就要找律師處理。簡直就是要逼我就範，眞是無情無義的女人。」我一時插不上話，只能聽他咒罵起太太來。

他說話時，正好讓我有機會，可以好好打量他。一看之下，我心裡暗暗叫了聲不妙。他的整張臉，呈現黑滯之色，耳朵也灰濛濛的，更重要的是，印堂也有灰黑之色聚集，『面相淺訣』有云「印堂黑影就要買定棺材」。他這個氣色，極其凶險，正是相學上所記載的情形。我心裡一驚，說話之間，不由得更加小心。

「一切都已經來不及了。我這輩子再也難以翻身了。」我聽他這麼說，敢忙說：「怎麼會無法翻身？你四十四歲一到，換了一步庚申大運後，就能擺脫這步財運不濟的情形，人生就會開始出現轉機了。」

李先生自顧自的說：「人生走到這步田地，我努力那麼多年之後，公司沒了，老婆沒了，小孩沒了，還欠了那麼多錢，我還能有什麼指望？」我回應：「錢慢慢還就好，只要轉運了，財運就會逐漸好轉，男人財運好轉之後，往往也能爲感情加分，說不定會有更好的對象呢？小孩跟你有血緣關係，只要你持續關心他們，父子親情不是說斷就能斷的。」

「來不及了，還要三年多的時間。我承認我這些年工作比較忙，有時會忽略了家庭的經營，但我都是爲了家庭孩子在打拼，我心裡還是很愛老婆孩子的，她不該在這時候跟我離婚，還狠心的把孩子帶走，害我每天都得面對空盪盪的家。一切都來不及了。」

我聽了他極度灰心的語氣，爲了給他信心，我帶著笑容說：「不用擔心，一切都會越來越好。現在離過年只剩三個多月了，換一個流年後，就會比今年好多了，到了後年又會比明年好。總之，今年是最壞的一年了，在下一步大運來臨之前，一年會比一年好。你今年雖然跌了一大跤，只要能打起精神來，我向你保證，你一定能越來越好。」

「我都已經跌到谷底了，眞的還能有翻身的一天？」我斬釘截鐵的回答：「當然。我既然能斷準你的運勢，我說能翻身，就一定能翻身，你要對自己有信心。」在我的鼓勵之下，李先生離開了博士命理。

我心裡明白，今年是戊戌，明年是己亥，他明年的運勢跟今年相比，相差不大。但如果直說要到一〇九年，運勢才會好轉，他會不會撐不到那時候？心一橫，我只好「睜著眼睛說瞎話」了。

過年前，一則苗栗地方版的新聞，引起了我的注意。新聞內容寫著，在某個漁港的的消波塊邊，卡著一具男屍，在屍體身上的錢包裡，有死者的身分證件，證件上的姓名，赫然就是他。

這讓我不免感歎「有些事，縱然有心，卻也幫不上忙。」爲此，我沮喪了好一陣子，足足有二個多星期，都無法接受預約，爲人算命。

遠遠的看見，安全士官帶著全副武裝的士兵，從安全士官室出發，執行換哨任務。這是所有上哨衛兵，最期待的時刻了。

「子彈交接。」安全士官發令。我把二個彈匣交給上哨的弟兄。

「清點子彈。」上哨的弟兄接過彈匣後檢查子彈數量無誤。

「衛兵交接。」兩人都往右上方邁小一步，再向左上方邁一小步，接著向後轉，交換彼此所站的位置。

交接完成，我隨著安全士官走回安全士官室，結束了一班衛哨勤務。卸除鋼盔和腰帶，洗把臉之後，馬上就到連部辦公室報到，處理我所承辦的各項業務。

測量連隸屬於工兵署的北部指揮所，而北指所的各項業務，都由我所屬的測量連來處理。而在連部的辦公室中，有參一，負責各項人事業務，政戰士，負責心戰保防等業務，其次是參四，負責補給業務。還有經理士，負責各項經費與糧餉等業務，我是參二三，名為作戰士，負責教育訓練等業務。政戰士在輔導長房間有辦公桌，所以通常都在輔導長室處理他的業務，來到連部時，通常是來找他同梯的參一串門子。而在這些人當中，以參一和政戰士的梯次最老，他倆是七六梯的。參四是九三梯的，偶爾插個話聊幾句。我和經理士最菜，通常都不敢說話。由於承辦業務的關係，他倆知道的秘辛最多。

「那天Boss（連長）招集排長、輔導長和我倆，商討大Boss（指揮官）要連部這邊提幾個計劃，好好表現表現。」政戰士說。

「會來到北指所當指揮官，說明上校就已經到頂，升不上去了，讓你來這裡好好養老等退休了。以前的指揮官不都這樣，他以爲『勵精圖治』求表現會有用？」參一說。

「有些人就是不認命，總想逆勢一搏。」政戰士說。

「問題是根本沒有用。」

「學長，有哪些計劃啊？」參四說。

「幾乎連部業務都有提到，包括政戰方面的官士兵休閒娛樂都有，只是目前還在討論階段。至於要不要做？要做什麼？都要等大Boss裁奪。」參一說。

「反正，我們不到四個月就要退伍了，這些，都不干我們的事了。」

聽到這句話，連部辦公室的人，無一不點頭。但，事後證明，政戰士這句話錯了。

週日收假晚點名時，班長特別交待，明天開始要加強環境整頓，因為，週四有長官要來視察。這幾天，全連弟兄忙到翻，一般的清掃割草，不在話下。週一早上集合後，連長帶著值星班長巡了一遍營區後，特別交待有些標線不清的地方，要重新油漆外，從大門進來所看到的建築物牆面，都要重新刷過。指揮所到餐廳的必經之地，尤其是重點。

連部的中老鳥業務士，班長都讓他們報備下去，處理業務。我由於是菜鳥，不敢跟著老鳥報備，所以，文書業務只能趁空隙時間處理了。因為，當營區忙起來時，菜鳥一定是勞役的主力，首當其衝。最粗重的工作，就是用電鑽連著長鐵柄，將水泥和洋菜粉加水，攪拌成濃稠的糊狀。然後把從大門進來所看到的建築物牆面，用這些調製的水泥糊，整個都粉刷一遍。那幾天，除了衛哨勤務之外，幾個菜鳥，都在幹這件差事。

平日，指揮官的上校配車，扁平的、綠色的速利一點三，都是停在營區後方，保養廠左前方的車位上。當天十點多，只見一台黑頭車緩緩駛入，停到了指揮所旁的空地上。指揮官站在指揮所前，一待車停妥，快步上前，向從車上下來的長官行禮，對方回禮後，伸出了右手，指揮官趕忙伸出雙手，握住長官的手，領著他一起走入北指所。

開飯前，在餐廳前方的連集合場，所有人早早就已整隊完畢，在餐廳外列隊歡迎副署長。長官還未跨出指揮所，就已有人通報，班長一聲令下，所有人都趕緊地打起精神來。

「副署長請。」

「好。」

只見指揮官不見平日的威嚴，簡直像是個餐館帶位的，滿臉堆笑，領著副署長，經過我們的隊伍，走向餐廳。

吳副署長官拜少將，理了個小平頭，皮膚呈現小麥色，身高超過一米八，體格健壯，肩闊腹平，穿起軍便服，精神抖擻，很是威風好看。反觀我們的指揮官，上了髮油的西裝頭，皮膚嫩白雙下巴，站在副署長旁，足足矮了半個頭，合身的軍便服之下，是他藏不住的小腹。老實說，對比之下，比較像個殷實的商人。依序進入餐廳後，指揮官懇請副署長給大家指導指導。

「指揮官和我是官校同班同學，此次前來，除了特別來看看我這個老同學之外，也要給各位士官兵弟兄打打氣……。」

副署長聲音洪亮，抑揚分明。簡短的致詞，內容大都是對指揮所的肯定。聽在耳裡，指揮官的笑容沒停過。

三天之後，我在連部辦公室處理業務，政戰士又來找他同梯串門子。

「士官兵休閒娛樂中心聽說要動工了？」參一說。

「消息靈通喔。」政戰士說。

「怎麼會這麼突然？」

「因爲最近軍中發生了幾起阿兵哥管教失當，還有情緒失控爆發衝突的事件，所以上級單位三令五申，要長官們多注意官士兵的心理輔導。輔導長最近接了好幾份公文，害我的業務也因此變多了。」

「那也不一定要推士官兵休閒娛樂中心啊？」

「指揮官還交待，動作要快，不能等，要在這項政令風潮當口，儘快完工。」

「這麼積極？」

「你沒注意到副署長來過以後，指揮官變得更龜毛了嗎？」政戰士說。

「難不成他是受到同班同學的刺激？還是覺得朝中有官好辦事，有同學會挺他？因而燃起他升官的希望？」

「我又不是他肚子裡的蛔蟲，但副署長來過之後，好像確實點燃了他升官的慾望。」

「不可能啦。白日夢一場。」

「指揮官還交待，不但要快，還要以最低的成本，打造最優質的娛樂場所爲目標。」

「又要馬兒肥，又要馬兒不吃草。」

「聽說屆時他會力邀署長蒞臨指導。」政戰士說。

「只怕測量連沒好日子過囉。你們這些菜鳥要倒大霉了。」參一對著我們說。

來到連上三個多月，才漸漸習慣了測量連的生活，而就在副署長視察過後，

這樣的生活似乎一去不返了。藍色星期一，通常工作都比較提不起勁來。出事那天，恰好就是隔週的週一，早上九點，正要上哨的，是一個剩下三個月就要退伍的上兵老鳥，他扛著槍上哨，走路沒精打彩的。由於帶哨的安全士官，梯次比他低很多，所以，完全任由他散漫，不敢糾正學長。這一幕，恰好被指揮官，隔著辦公室的紗門，看得一清二楚。不多久，連長辦公室的電話響了起來。

平常在晚點名之後，通常連長就會先行離開。班長會下達命令，要連上士兵做伏地挺身、開合跳等動作，鍛鍊體能。

「伏地挺身預備，報數。一，二，三，四……三十。七洞（一六七〇）梯以前離開。其他人繼續。」

「一，二，三……十。七六梯以前離開，其他人繼續。」

「一，二，三……十。八兩（一六八二）梯以前離開，其他人繼續。……。」

爲了尊重學長，班長都會按照「梯次」做。依此類推，越菜的做越多。但是，那天晚上，連長點名時，從頭到尾臭著一張臉。

「他媽的。嫌過得太爽是不是？衛兵不好好站，帶哨的不好好帶，都是他媽的混蛋。值星班長。」

「有。」

「你們這些王八蛋，過得太爽就給我出包。明天給我全副武裝，一整天的基本教練加刺槍術。爾後，每週一早上，都給我出基本教練，不準報備下去辦業務，全部都參加。還有，早上九點那班衛兵和安全士官是誰？」

「有。」早上的衛兵和安全士官回答。

「王八蛋，你們二個都給我禁假。班長，等一下，給我好好操體能。」說完，把點名簿丟給班長後，走到面對連集合場的連長辦公室外，點了根煙，看著。

「來，開合跳預備，一，二，三，……。」

「來，接著，兩兩一組，仰臥起坐預備，，一，二，三，……。」

「接下來，蛙跳預備，，一，二，三，……。」

「再來，伏地挺身預備，，一，二，三，……。」

「接著再來，開合跳預備，一，二，三，……。」……。

當天晚上，不管老鳥，還是菜鳥，每個人都被操到快虛脫了。直到大家都做不動了，連長才走進他的辦公室。沒想到，這些都只是前菜而已。基本教練結束隔天晚點名之後，連長就宣布，要將餐廳旁二間的東西，移到營區後方的庫房區。這二間要打通成一間，整建裝潢之後，做爲士官兵視聽休閒娛樂的場所。

動工初期，先是泥水工班的工作，主要工作是把中間的牆敲掉，還有在地面上打洞，以便上水泥鋪地磚時，能夠黏得更牢固。這項工作，由軍中有泥水專長的兩個八幾梯的學長指揮，還有其它幾個九七、九八、九九梯的學長，偶而會來插個花。眞正工作的主力，是我們這群最菜的菜鳥。么拐洞五梯（一七〇五）有四個，還有我們么拐么洞梯（一七一〇）四個，一共八名。

接下來的日子裡，我除了衛哨勤務之外的時間，幾乎都在娛樂中心的工地工作。整天都拿著機具在穿牆鑿壁，身上佈滿了泥灰，到晚上就寢時，雙手都快抬不起來了。一覺睡醒，還得咬著牙，繼續穿牆鑿壁。終於，泥水工作告一段落，接著，木工班進場施作。這項工作，則是由么拐洞五梯的阿成，和他的上兵師父主導，因爲他們二人在當兵前，就是做木工裝潢的師父。

爲了加快施工的速度，指揮官還特地透過關係，找了五么（五一）工兵群幫忙，他們派了二位木工弟兄支援，所以，現場一共有四位木工師父，其它勞役部分，主力當然還是我們這七位菜鳥。

趕了不到二個月，終於把娛樂中心給趕了出來。接下來由美工房的學長進場佈置，包括裡面的美化，門口的刻字和綵帶。據說，指揮官請動了署長，特別來替北指所的士官兵休閒娛樂中心剪綵。爲了這次剪綵活動，指揮官吩咐連長，責令他去找一把外表鍍成黃金色的剪刀。爲了找金剪刀，連長特別給了經理士一天的公假，辦妥此事。

剪綵之前，照例又讓全連弟兄忙到翻過去，而且，此次的標準，比上次副署長來，更爲嚴格。就以餐聽來說，不但把桌椅清空，直接撒洗衣粉和水，用刷子刷了幾遍，窗戶也是先用布沾水擦二次，再用乾布擦一次。

整個結束之後，只見指揮官戴著純白手套，親自檢查。他把當日長官可能經過的地方，都巡視了一遍。最後，他走進了餐廳，搬了一張椅子，站了上去，伸出食指，往上排窗戶的溝槽抹去，手套上出現了灰色髒污。

「連長，看到沒有。」

「是的，指揮官，我會再積極加強。」

不久之後，連長下令「本週管制休假，繼續加強環境整潔。」

「幹伊娘，這次放假我和女朋友約好要去日月潭，飯店都已經訂好，現在都攏無法度去啊。」

「幹！我和七仔（女朋友）說好要去台南玩幾天，也無效啊。」

一時之間，只聽見連上弟兄你一言，我一語，幹聲連連。

剪綵當天，是我在部隊二年，唯一看到工兵署長的機會。工兵署轄下除了工兵學校外，南北各有一個指揮所，北指所配置一測量連，負責軍中各項工程的測量與繪圖，再由北指所負責發包，並派遣所上的軍官，執行監工業務。南指所配置一管道連，負責管道舖設等工作。當然，比起管道連，測量連相對文職、輕鬆。

署長李中將短小精悍，戴了一副黑色鏡框的眼鏡，兩眼炯炯有神，在娛樂中心前站定位置，指揮官從托盤中取出了「金剪刀」遞給署長，署長拿了「金剪刀」之後剪斷了彩帶，現場響起一陣鼓掌聲。致詞中，署長把指揮官注重官士兵休閒輔導的用心，著實稱讚了一番。這場剪綵活動，就在這種和樂的氣氛下結束。

每逢星期一晚上，是軍中所謂的莒光夜，用來爲星期四的莒光日做暖身。莒光夜的重頭戲，就是著名的「莒光作文簿」（後來改名爲「軍旅日記」、「大兵寫作日記」）寫作。「莒光作文簿」主要分成二部分，第一部分是政治宣教的主

題，例如針對「保密防諜，人人有責」、「爲何而戰？爲誰而戰？」這類題目發表感言，第二部分則類似札記一般，寫上自己的生活心得。

對於我來說，莒光夜是我難得的輕鬆時間，我通常花二十分鐘，就把莒光作文「解決」掉，然後一邊休息，一邊擦皮鞋、銅環，加強服儀。但對於某些人來說，每週的莒光夜，簡直就是惡夢一場。

以測量連來說，大部分都是一般兵，大專兵不到二成。大家的衛哨勤務與勞役，並不會因此有差別，只是每個人會依據專長編派在某些地方，比如說有木工專長就編在木工房；會修車的就編到保養廠，依此類推。當然，也有人完全沒有專長，就只能服一般勤務與勞役。而大專兵，多半會被指派辦理各項文書業務。

那天晚上，寫完莒光作文簿，正在拿著打火機烤著鞋油，再用棉花沾著軟化的鞋油，塗在大頭皮鞋上，一層一層把鞋油推開並抹勻，在反覆操作之下，只見大頭皮鞋越來越光亮了。這時，只見前面第三排有個人，靜悄悄的換了位置，到了我這排最右側，而且，不斷的向我移動，最後，就坐到了我的身旁。

原來是九七梯的伙房學長，他是台南柳營人，說著一口濃重的台灣國語，溫和寡言。他身高大概只有一米六左右，白細嫩皮、帶著稚氣的臉上，長著幾顆小小的青春痘。不苟言笑的神態，加上他總是帶著三分哀怨的表情，老學長都覺得他很像燒給死人的紙紮人（俗稱金童玉女），所以替他取了個綽號叫「金童」。連上有許多提前入伍的一般兵，年紀都還未滿二十歲，他也是其中之一。我因為讀師範學院，加上實習一年才當兵，入伍時已經二十五歲了。

「聽說你是小學老師鰟？」他操著帶有台南腔的台語問。

「是的，學長你有什麼代誌？」

「老師啊，你在學校有教小學生作文鰟？」

「有啦。」

「老師啊，是按呢啦，我莒光作文不會寫，尤其是頭前那部分，你可以教我寫嗎？」

於是，我小聲的、仔細的從文章的「審題」教起，教他文章的「開頭」、「正文」、「結尾」形式。無奈的是，講了半天，他完全「鴨子聽雷」，不只如此，我發現，他甚至連有些簡單的字詞都不會寫。就這樣，一直磨到要晚點名了，他還是無法寫出莒光作文來。

晚點名結束，「金童」學長繼續纏著我，要我教他寫作文。這實在太難，原因是他的語文程度實在太差。但由於他態度誠懇，又是學長，再加上左一句「老師」，右一句「老師」的叫，我實在不忍心拒絕他。最後，我靈機一動，乾脆，用「我說你抄」的方式，我說一句，他寫一句，最後寫完了他的莒光作文簿，讓他能夠交差了事。

「金童」完成莒光作文簿的興奮表情，我至今難忘。但老實說，這比我自己寫作文還難，因爲既要符合他的程度，讓他聽得懂，寫得出來，還要時不時點綴一、二句不通順的句子，再加進幾個錯別字，讓批閱的人看不出來。我告訴他，這種事一旦曝光，學長都要我幫忙，最後一定會傳到輔導長那裡。到時，不但我惹禍上身，以後也不能再幫他了。他大力保證，一定不會讓別人知道此事。於是，自此之後，每逢莒光夜，我們就會偷空在伙房的桌上，開啟這種「我說你抄」的寫作模式。有了這層關係之後，「金童」收假時，都會帶些台南特產送給我，對我挺好的。

萬萬沒想到的是，在指揮官一連串「勵精圖治」之下，連「化外之地」的伙房都掃到颱風尾。那是一個週三的早上，大家正在吃早餐時。

「去把伙房給我叫來。」指揮官說。

伙房一共有三名士兵。最老的是七洞（一六七〇）梯的待退上兵，一個是「金童」的師父，八兩梯的，還有「金童」。只見金童和他師父，從餐廳後方的門走進來，迅速的跑向最前面的大圓桌。

「報告長官，請問有什麼事？」金童的師父說。

金童師父的話才剛說完，只見指揮官抓起桌上的饅頭，一個一個、連續不斷的往二人身上丟過去。金童二人只是將頭稍微轉向，身體不敢移動半步。饅頭掉地，發出了小小的聲響。

「這是饅頭，還是石頭？前陣子送去五么工兵群受訓，剛回來的時候，還挺鬆軟好吃的。給我混水摸魚，越來越不像話，這能吃嗎？」指揮官繼續往兩人身上丟擲饅頭，直到桌上的饅頭都丟完爲止。金童和師父不敢回話。

「你們伙房好好給我反省反省。再給我做出這種石頭一樣的饅頭，你們就完蛋了。」

訓話完畢，指揮官頭也不回的走出餐廳。同桌的連長，臉上罩了一層寒霜，抬起手來，指了指二人，臭著臉，也走出了餐廳。當天晚點名之後，連長下了一道命令，從明天起，伙房給我四點準時起床，揉麵做饅頭，如果還不夠鬆軟，就給我三點鐘起床做饅頭，直到饅頭合乎標準爲止。

不消說，這早起揉麵的工作，自然是落在了最菜的伙房兵「金童」身上。伙房兵最大的福利，就是不必站衛兵，晚上可以一覺到天亮。

「恁爸就是因爲不想站哨，尤其是夜哨，才自願進伙房的。」

「幹伊娘卡好，這碼叫我四點就要起床做饅頭。」

「五么工兵群他們伙房有機器可以揉麵，煞毋知會鬆、會軟，我建議長官採購揉麵機器，也毋人插汝我。」

週一的晚上，我整晚在伙房，聽著金童的抱怨。而自此之後，他進入夢鄉的時間被剪短了，除了假日以外，「金童」都得準時四點起床，揉麵做饅頭。

每日三餐，慣例都是由菜鳥們擔任打飯班，工作內容就是將湯桶、菜桶、飯桶，從伙房抬到餐廳，然後替連上弟兄逐一打菜添飯，湯桶則放在最後面，自行取用。大家吃完後，打飯班還要負責清洗，送回伙房。那天，約莫是在「金童」被丟饅頭的二個多星期之後，中餐去伙房抬食物時，「金童」一看見我，便偷偷的把我拉到一旁，並用手遮著嘴。

「老師啊，今仔日的湯毋桶啉（lim）蛤。」他見我沒反應，又低聲說了一次。

當天晚上，我找到「金童」，問他今天中午的事。

「恁爸價漩尿進去啦。你毋通吼別人知道，我只告訴你一個，不然，我會死得足慘誒。」

想不到，平日那麼溫和的「金童」，也敢做出這樣的舉動，爲了不滿指揮官，竟把全部隊的士官兵，一起拖下水陪葬。但我還是對他冒險警告我的舉動，表達感謝。還好有他的提醒，不然就得和全連弟兄一起，喝他的「童子尿」了。

遠遠地，站哨的衛兵，看見指揮官出了辦公室，雙手背在身後，四處巡視，他最近巡得越來越勤了。衛兵立刻透過對講機，通知安全士官指揮官「出巡」，接著，在安全士官的通知下，各處所都知道了這事，大家無不繃緊神經。只見他從最右邊，慢慢走向了保養廠的位置，過了二十多分鐘，只見指揮官從最左邊出現。奇怪的是，這次他竟不走回辦公室，而是朝著大門方向走來。

「長官好。」二個衛兵敬禮問好。

「好。」

「今天還好吧？沒有什麼狀況吧？」

「報告長官，是的。」

「衛兵，敲鐘，衛兵班集合。」

「是。長官。」

鏗！鏗！鏗！鏗！鏗！鏗！

聽到鐘聲，背著值星帶的班長第一個衝到衛兵班。隨著時間一分一秒過去，本週留守的衛兵班弟兄，才陸陸續續從安全士官室，取槍之後，趕赴衛兵班集合。

「報告長官，衛兵班集合完畢。」

「快四分半鐘，花費的時間太久。班長，要好好加強訓練。」

「是的，長官。」

指揮官隨即慢慢地走回了辦公室。當天晚上，班長特別交待本週留守的弟兄，要保持警覺，並演練了幾次。隔天早上，指揮官依著昨天的路線，巡視營區。站哨的衛兵看到指揮官的背影，馬上通報裡面，安全士官發出信息通知各處，班長交待衛兵班待命，不多久，指揮官從左邊踅了回來，逕自走回了辦公室。第三天，情形依然如此。之後的幾天，一直到放假，指揮官都沒有出來巡視。

到了週一的上午，指揮官出門巡視營區後又走到大門口。

「衛兵，敲鐘，衛兵班集合。」
「是。長官。」
鏗！鏗！鏗！鏗！鏗！鏗！
「報告長官，衛兵班集合完畢。」
「三分多鐘，班長，花得時間還是太久，要再加強訓練。還有，你衛兵班集合一定是有突發狀況，怎麼能沒有子彈呢？下次記得要把子彈也帶上。」
「是的，長官。」
連長交待班長，加強演練。於是，那一整天，在留守名單中的弟兄，都在演練衛兵班集合速度。由於留守不放假，可以把假積存起來。放假都是由阿兵哥自行填假單，班長依各人的「積假」情形先審核，再呈報假單，最後由連長批核。一般來說，週四上午的莒光日不能缺席，週日必須收假，所以，最長的假，可從週四的么八洞洞（下午六點）到週日的兩么洞洞（晚上九點），計假三天半。平日的衛哨勤務，是由全連弟兄平均分配（當然，菜鳥分配到的通常是比較不好的班。），留守的弟兄，只要負責假日的衛哨即可。
連上的兵，約莫六成多是從彰化、台南來的，加上假期長比較好規劃，所以，很多人想要留守。當然，這又是老鳥的福利，與我們無關。菜鳥只能放洞八到兩么的「點假」（早上八點出營區，晚上九點前收假）。衛兵班集合這件事，我們這群菜鳥，難得可以置身事外。

連續幾天，每天都反覆演練，包括值班安全士官怎麼開槍櫃，留守的安全士官如何抬彈藥，其他人怎麼取槍，這些流程都一再反覆、練了又練。

不料，這次指揮官不再巡視營區，直接朝大門走來，由於勤值的衛兵由在指揮官的視線內，所以無法閃進崗哨通知安全士官。

「衛兵，敲鐘，衛兵班集合。」

「是。長官。」

鏗！鏗！鏗！鏗！鏗！鏗！

「報告長官，衛兵班集合完畢。」

「二分鐘十五秒，班長，現在狀況是外頭有暴民企圖滋事，演練一下鎮暴操吧。」

「是的，長官。」

「衛兵班聽令，成鎮暴隊形散開。」

「殺殺，殺，一、二、三，殺，一、二、三，殺……。」

「成架槍鎮暴隊形，架槍！前進。」

「架槍。殺殺，殺，一、二、三，殺，一、二、三，殺……。」

由於太久沒操演鎮暴操，剛開始，這些老鳥動作參差不齊，慢慢的，才逐漸上了軌道。這場鎮暴操，足足演練了半個多小時。

「班長，現在遇到暴民丟擲催淚瓦斯，請問如何處置？」

「呃，這個……。」

「衛兵連基本的防毒面具都沒帶，遇到這種情形，你就完了。」

「是的，長官。」

「這些環節都馬虎不得，班長，還要再加強演訓。最重要的是，集合速度太慢，一般部隊，基本上都要求在一分鐘內完成集合。」

「是的，長官。」

之後的二天，全連分組，實施鎮暴操演練。不僅如此，班長還要每個人將庫房中的防毒面具拿出來，在大太陽底下，反覆練習，快速戴上、脫下防毒面具。連長也多次從安全士官室，用對講機直接命令門口衛兵敲鐘。在多次的演練之下，集合的速度，終於也從二分多鐘，漸漸的壓縮在一分半鐘左右了。

最後，爲了達成一分鐘集合的目標，連長下令由留守人員組成「一分鐘待命班」。隨後，將幾張床，搬進了大門旁邊的衛兵班寢室。此後，每週隨著週四中午值星班長交接，留守人員，在週四下午就得帶著寢具，入住大門旁的衛兵班寢室。負責當週所有的衛哨勤務，並隨時待命，因應突發狀況。

依照慣例，每到週三晚上，班長就會調查留守意願，留守衛兵十二員，安全士官含值星班長共三員。以往，留守積假是老鳥的福利，新規定一頒佈，情形立刻有了變化。

「這禮拜要留守的舉手。」班長問。

「站二歇四（站衛兵一班二個小時，中間休息四個小時，再一次站哨），傷操啦。」

「我看以後歹積假啊。」

「毋願啦。這算起來一天要站四班呢。袂和啦。」

「傷硬斗啦。恁爸甘願放點假也不要留守。」

老鳥紛紛表達對新規定的不滿，一時之間，竟無人願意留守。

「再問一遍，這禮拜要留守的舉手。」

「死菜鳥，還不知道舉手。」一個七九梯的老鳥說。

我們這群最菜的八個菜鳥，同時舉起了手。再加上九幾梯的四個學長，組成了有史以來第一次的「一分鐘待命班」。每次交接後的週四下午，依例都要演練衛兵班集合。我們八人因爲操練次數多，最後竟也達成了一分鐘集合完畢的標準。但在那段菜鳥時間，我們八人也就成了衛兵班的「常客」。

拜衛兵班新規定所賜，學長無人要留守，在這種情形之下，菜鳥們只能被迫自願留守。通常，菜鳥在留守四週之後，就會有學長看不下去，那時，就可以放假一次，而這星期，已經是我留守的第四週了。一般來說，除非有特別任務，否則，例假日除了留守人員外，營區沒有其他人。

就在週六的早上，我站九點到十一點的衛哨，接近九點半的時候，突然看到指揮官的車子，開進了營區。放假還來指揮所，這倒是不尋常，我馬上通報安全士官室。果不其然，只見車子停妥後，指揮官招呼著一位身著深色唐裝，背著背包，年紀約莫五十多歲的先生下了車，進了指揮官的辦公室。這是我生平第一次看到風水先生，現場進行風水操作。

只見這位風水師端著紅色的大羅盤，在大門入口處量了又量，然後又分別在指揮所各處看了看。接著，兩人一下子站在指揮官辦公室門口，一會兒站在指揮所大門口，一下子又站在副指揮官辦公室的門口，對著營區大門方向指指點點，只見指揮官跟在旁邊，頻頻點頭。一番指點之後，他們又再度回到指揮官的辦公室。直到快十一點，我要下哨前，指揮官的座車才駛離營區。

不久之後，就聽到指揮官要搬家的消息。他要和副指揮官對調辦公室（二間辦公室分居左右，面積相同），從原來的龍邊，搬到虎邊去。日子，就訂在二個多星期之後。在搬家之前，除了打掃清潔工作之外，還要木工房的阿成，隨著即將要退伍的木工師父，把新辦公室整理、油漆一遍。

搬家的那天，是週三的上午，預計是由連部的弟兄，負責搬辦公桌和沙發等雜物，指揮官的傳令兵，負責抬著部隊軍旗和旗座，而指揮官親自拿著他辦公室外的掛牌，還有他桌上的名牌。而副指揮官的東西，已早早搬出辦公室，要等指揮官的東西就定位後，再行處理。依計劃的順序而言，軍旗先行，名牌、辦公桌緊隨其後，最後再處理沙發以及其它雜項。

傳令兵雙手抱緊旗座，抬起。

「夸！砰！」

只見旗座底部脫落，軍旗歪倒。這時，現場所有人面面相覷，連大氣都不敢喘一下。最後是由傳令收拾殘局。

當日晚上，指揮官的傳令背著黃埔大背包，從北指所被丟回測量連「歸建」（回到原來所在的建制）了。上頭還以「軍紀渙散，亟需整頓」爲由，全連管制休假。不僅如此，接下來的二個多禮拜，由連長下令，讓全連弟兄，重新回味了新訓時的「三行四進」(爬行、側行、潛行、伏進、滾進、躍進、便步前進)。

然而，自此之後，一直到他退休，指揮官都很少再走出辦公室了。就算走出辦公室，也是純粹散散步，不再到四處督導了。

「今天洞五梯（一七〇五）學長退伍，請各位學長稍微節制。至於比較菜的，敬完酒給我早早就寢，解散。」值星班長說。

依測量連的規矩，軍中會有二次花錢請全連弟兄吃喝。一次是「破冬」（役期剩下不到一年的第一天），一次是「退伍」。主要是買一些平常吃、喝的東西送給全連弟兄。這種錢，花的人開心，拿的人高興。「破冬」表示你已經是中老鳥了，「退伍」更是特別，會請「退伍酒」。只要別太過分，連上長官通常會睜一隻眼，閉一隻眼。

「恭喜喲，學長，退伍了。阮么拐四六（一七四六）梯一起敬學長一杯。」五個人一起舉起酒來。

「照規矩，一個一個來。」旁邊的學長說。

「好，我先來，恭喜學長退伍。」

退伍酒的喝法，一般也是按照梯次來，從最菜的開始敬酒，恭喜學長退伍。敬的人喝完一罐，學長則喝一杯。喝到最後，退伍學長很少有不醉倒的。所以，雖然退伍令的生效時間是兩四洞洞（午夜十二點），但爲了安全起見，一般會讓退伍的人留宿一晚，隔日再找連長拿退伍令，離開營區。

「恭喜學長，退伍了。我敬你。」剛下安全士官的么八梯學弟過來敬退伍學長一杯。

眼看時間已十點多，現場只剩下洞五的紅帥（又稱紅軍，軍中習慣用象棋來標示各梯的退伍時間。最老的是紅軍，次老的是黑將，依此類推。）、黑將、紅仕、黑士，約莫十多人。洞五梯（一七〇五）是一般兵，我們么洞梯（一七一〇）是大專兵，扣除成功嶺一個半月役期，雖然與他們差五梯（十五天一梯），但實際退伍日期，只差了一個月。

又過了半個多小時，看了看，現場只剩下我們二梯八人，不忍離開。我們同梯四人，約莫七、八分醉，他們四人則都已不勝酒力。入伍前跟著父親當搬家工，混身肌肉的阿德，滿臉漲紅，有點神智不清，對著前方傻笑。阿正時而趴在桌上，聽到某些話題，又挺身起來聊個幾句後，再次趴下。阿祥已經出去吐了二次，臉色有點慘白，回來繼續喝。阿成吐過一次，滿臉通紅，邊說話，邊搖頭晃腦。大家聊著剛進來測量連，一起被學長釘，一起熬過來的甘苦歲月。

「幹，這間休閒中心，是咱做苦工拼出來的呢。」趴在桌上的阿正挺起身來突然說了這句。

「是啊，彼當陣給人操給抹翻過去。」我們梯的阿祐說。

「彼個江仔（阿兵哥私底下對指揮官的稱呼。）一天到晚都在找麻煩，衛兵都沒人要留守。」阿祥說。

「是啊，彼當時都是咱在站哨，衛兵班一住就一個月。」我說。

「幹，久久才放一次假，害我剛交無偌久的七仔煞走去。」阿成說。

又閒聊了一會兒，我看看時間，剛好十二點。於是，我舉起了酒杯。

「大家杯子舉起來，已經十二點啊，阿德、阿祥、阿成、阿正啊，恭喜啲，退伍啊呢。祝恁一切順利。」我說。

聽我這麼說，所有人因爲高興，通通舉杯把啤酒喝完。喝完這杯，也差不多該散了。

「恁還記得江仔搬厝彼擺嘸。」阿成突然說。

「安怎袂記得，彼當時全部人還三行四進，在地上做狗爬了十外工。」阿祥說。

「彼件代誌是我師父弄的。是伊把旗座的螺絲轉鬆，彼時伊還叫我到門口把風。同梯的都沒代誌做，伊眞袂爽退伍前還在做工。」

「原來是按呢歐。汝安怎都無佮阮講。」阿正說。

「橫直江仔搬厝前他就退伍啊，也袂去操到他，他怕啥小。我是菜鳥，根本就不敢對別人說。今仔日是我頭一擺說給人聽。」

聽阿成一說，大家恍然大悟，幹聲、笑聲不絕。過了不知多久，八個人就這麼一起關燈、關門，互相攙扶著，回到寢室，脫鞋上床，進入夢鄉。

第三章 大千世界

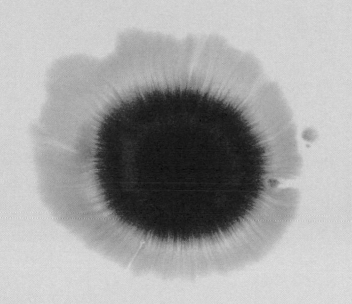

萬靈丹

遠古民智未開之時，把月食現象說成是「天狗食月」，當時恐慌的人們，在不瞭解的情況下，會群起敲鑼打鼓、放鞭炮來驅趕天狗，等月食過去之後，人們相信，是這些作爲有效的嚇跑了天狗。時至今日，雖然民智已開，但我們卻依然在做一些驅趕天狗的行爲，且眞心相信它的效果。

「劉老師好。」

「好，請進。」

「不好意思，老師，想先跟你借個廁所。」

「好的。請往裡面走，廁所就在樓梯旁邊，燈的開關就在門口左邊。」

時間是一百零八年的春末，今天的客人是從台北來的，一共有三位，所以把早上的預約時間，全數排給了她們。她們分別姓彭、李、鄭。鄭女士一向對命理很有興趣，她買了我的八字命理書之後，因爲認同書中理念，特別找了二位閨密，一起來到博士命理，找我八字論命。三人各自帶了一杯星巴克咖啡。

首先登場的是鄭女士。於是我在排好八字命盤之後，爲她分析人生的高低起落。她的八字命盤，五行俱全，用神有力，流通無礙，財官俱美。所以八字論命時，我的評語多是肯定的。我論斷她的婚姻，她的好友也附和著我的斷語。

「她老公是台積電的主管，收入可高了。更令人羨慕的是，她老公把經濟大權都交在她手上。」李女士說。

「收入是不錯，可是常常晚歸，工作很辛苦的。」鄭女士說。

「她老公對她可好了，凡事都依著她。她又不用工作，只要把家裡打理好就行，日子過得可愜意了。」彭女士說。

「凡事都要我決定，其實有時也是蠻累的吔。」

「這樣妳還敢嫌，有沒有天理啊。」二人異口同聲說。

鄭女士微微一笑，不再反駁。

「妳先天命盤財運不錯，加上後天的大運，又是財運極佳的大運，所以近年來，在財運方面，可以說順風順水，肯定是積存了不少。」我說。

「老師你又說對了，他這幾年風生水起，財源廣進呢。」彭女士說。

「還好啦，是不錯。」

「又不會找妳借錢，這麼謙虛幹什麼？」李女士說。

「說也奇怪，劉老師，我老公頭腦比我好多了，但是這幾年，他看了許多股票投資的書，認眞研究，但買的股票大都賠錢。反而我沒做什麼功課，買的股票都矇對了，賺了不少錢。我老公說我『傻人有傻福』。索性後來連投資這部分，都交給我處理，只是偶爾要我給他看看，了解一下賺賠情況而已。」

「眞好命，竟然隨便買隨便賺，你看氣不氣人？」彭女士說。

大家都笑了。就在這輕鬆的氣氛下，結束了鄭女士的八字論命，接下來換彭女士進行論命。彭女士的先天八字，身弱財多，感情方面普普通通，就是財運方面比較弱。

「妳在財運方面，先天比較弱一點，尤其是三十二歲進入戊辰大運之後，基本上就算打拼賺錢，最後仍舊是財來財去一場空。」

「是啊，老師，這將近十年的時間，眞的是財來財去，要怎麼辦才好？」

「尤其是最近這二年，可以說是這幾年以來，財運最差的時期了。」我說。

「對啊，股票也賠，投資也賠，還有被親戚借錢後跑路要不回來的，可以說倒霉透了。」

「下一步已大運，一直到妳四十八歲爲止，財運也不好，跟這幾年差不多。」

「那要怎麼辦？劉老師。」

「在四十九歲前，理財要儘量保守，不要再亂投資了，股票當然不要玩，說得透徹點，就連借錢都不要。這樣就能相對好點，總之，理財越積極，破財越厲害。」

我停了停，喝口水，彭女士也趁此空檔拿起桌上的咖啡喝了一口。再請教了幾個問題後，就換最後一位，也就是李女士進行論命了。

她的先天八字，算是三人中最差的，財運不利，更重要的是，身體和感情方面都極差。三人之中，她的鼻樑較塌，顴骨大而橫張，還有些黑色斑紋，這些都是婚姻不美之相。一開口，聲音沙啞且尾音帶破，完全與八字同步，顯示這是一個感情坎坷的女人。

「妳的身體不好，主要是筋骨、上呼吸道，還有脊椎、經絡方面，都不太好。雖然只有三十多歲，但以上這些部分，都對妳的生活，造成不小的影響。」

「真的是這樣。我筋骨常常酸痛，時不時就扭傷，最近幾年，脊椎也感覺比較無力。還有，秋冬的時候，常常感冒，氣管常常發炎，一咳嗽都要吃好多天的藥呢。」李女士說。

「妳的聲音原本就不清亮，有點濁，而且二十五歲走上庚申運之後，聲音就變得更沙啞了。」

「確實自那時候起，聲音就開始變得沙啞了。爲此我還看了好幾個醫生，都說沒什麼問題。最後，中醫也看了好幾個，中葯也吃了不少，都沒有效果，後來索性就不理它了。」

「更重要的是，二十五歲走上庚申大運後，妳的感情運非常差，這方面可以說跌跌撞撞、充滿坎坷。」

「劉老師說得沒錯，我感情路確實不順，我在三十一歲時離過一次婚。」

「不只如此，庚申運之後的辛酉大運，還是差不多，妳的感情路，依然充滿波折，可以說，妳自二十五歲以來，這方面一直就沒好過。」

「是啊，老師，她人很好的，爲什麼總是遇不上好男人？」彭女士說。

「劉老師，我們對她的遭遇，都感到很不捨，你能不能想辦法幫幫她？」鄭女士說。

一時之間，現場的氣氛有點低迷。李女士先是沉默了一陣子，聽到朋友這樣說，彷彿勾起了她的傷心往事，不多久，她打開背包，拿出面紙，輕輕的擦拭流下的淚。過了半晌，李女士提出了請求。

「劉老師，我想請你幫我改名字，因爲我想改運。」

又來了，又是一個想透過改名字來改運的人，這讓我想起了二個星期前跟老婆的爭論。她認爲改名字不過就是依據八字命盤，找到適合當事人五行的名字，這件事對我來說，就像是喝開水一樣簡單，她實在不解我爲何要將生意拒於門外？

「在我爲人八字論命之後，有不少人會提出這樣的要求。老實說，這個時候，只要我點頭幫人改一下名字，輕而易舉又有一筆收入進帳。其實就算當事人沒有提出要求，只要算命師趁機推薦，還是會有不少人因此而改名字的。而這也是改名字改運，商機那麼大的原因所在。」我稍停了一會，喝了口茶繼續說：「老實說，以妳的財力，又處在這個心靈脆弱的狀態，這時就算是告訴妳可以用符咒或法術祭改，來改善感情狀況，妳都會爽快付錢改運的。」

「老師，被你說對了，她幾年前還眞的有去祭改過吔，哎，我們上次去金山那次，你花了多少錢？」鄭女士說。

「祭改加上『和合符』，一共二萬八啦。」

「二萬八就這樣沒有了。一場祭改儀式，給了好多張符咒，還燒化成灰吃下肚子呢。」彭女士說。

「只有二張啦，就是一張放床底，一張燒化了和著水喝。好了，妳們別再說這事了。」

只見她們三人妳一言，我一語的討論有關符咒的經歷，她的情緒也逐漸平復。

「改名字沒問題，對我來說不難。但我請問妳一個問題，我改了妳的名字之後，妳的出生時間，也就是妳的八字，有改變嗎？」

李女士被我這個問題震了一下，沉默了許久。過了一會兒，她似乎會意了過來。

「劉老師是認爲，改名字無法改運，是嗎？」

「其實，改名字的效用微乎其微，又要重新辦理各種證件，因此，我不建議改名字。」

「噢，對了，劉老師，剛才忘了跟你說，我改過名字誒。」彭女士說。

「妳雖然改過名字，但事實證明，妳的測算結果，會比他們二人不準嗎？」

「這倒是沒有。」彭女士說。

「老實說，如果一個人改了名字就能改運，那麼像彭女士這樣改過名字的人，我就不可能算得準了。事實上，我以前在土地公義務替人算命的那幾年，從大量的實戰經驗中發現，改過名字的人算命，準確度跟沒改過名字的人，基本上並無差別。可見改名字，無法有效改變人的命運。原因很簡單，改得了名字，改變不了八字。」

聽我這麼說，李女士的表情，頓時就像洩了氣的皮球一樣。對於這種願望落空之後的反應，我看得多了，並沒有特別的感覺。但她仍然不肯放棄，提出了反駁。

「但是，很多人都相信，改名字眞的能改運。不說遠的，我身邊就有個朋友，改了名字之後，運勢就慢慢變好了。這是我親眼看到的，難道也是假的不成？」

「對啊，劉老師，我們都認識的一位朋友，確實在改了名字之後，運勢就開始好轉了呢。」鄭女士說。

「既然這樣，那妳爲什麼不直接找那位幫你朋友改名字的老師，替妳改名字呢？」我說。

「老實說，我確實曾在朋友介紹下，去找過這位在板橋開業的老師。但是，他算我的命算得不準，所以我不放心把改名字的事，交給他處理。你算我的命算得很準，所以我想要你替我改名字。但你卻又說改名字沒辦法改變運勢。」李女士說。

「妳先別急，我解釋之後妳就能明白，爲什麼一般人覺得改了名字運勢變好了？這大致上可以分成主觀和客觀二大原因。」

「對啊，妳先聽聽劉老師怎麼說。」鄭女士說。

「所謂主觀的因素，就是所謂的『安慰劑效應』（又稱之爲僞藥效應、假藥效應）。這是指病人雖然獲得無效的治療，但卻預料或相信治療有效，結果卻讓病情有所緩解或者改善的效應。在醫療上，安慰劑確實具有一定的作用。病人對此期望越強烈，則效果越好。再者，給予安慰劑的人，必須具有一定的權威，病人越信服治療者的權威，通常效果越好。」

說到這裡，我不禁想起老婆當天反駁安慰劑效應的話。她認爲我只要讓當事人相信，改名字之後，運勢就能好轉，這樣就能讓當事人產生信心，或許就能讓人漸漸脫離惡運呢？既能給人希望，又能賺錢，何樂而不爲？

「你的意思是，改了名字的人，覺得運勢變好了，純粹只是『安慰劑效應』罷了，並不是給的葯物有效，是嗎？」李女士的話把我拉回了現實。

「因爲這種人正好符合上述所說的二個條件。首先，他期望並且相信，改名字能夠改變運勢。其次，他相信算命師的權威。只有這樣，他才會要求算命老師爲她改名字。就像妳剛才提出想要改名字時，不就完全符合這二個條件嗎？」

「確實是這樣。」

「另外一半的原因，是所謂客觀的因素，在這點上，我承認，運勢是真的改變了！」我說。

「所以說，劉老師還是不否定改名字能改運的方法，是嗎？既然這樣，你就幫幫她吧。」彭女士說。

「劉老師的意思是，改名字改運不全然有效，只是對某些命格的人有效，是不是這個意思？那請老師幫我仔細看看，我屬於這種改名字能夠改運的人嗎？還是說劉老師也無法判定對哪些人會有效？」李女士說。

「正確的說法是，運勢真的改變了，但卻跟改名字沒關係。」

「這是什麼意思，這好像有點矛盾吧？」李女士說。

我稍作停歇，並趁此機會，喝了口茶。接著，拿出一張白紙，在上面畫了高低起伏的曲線圖。

「其實一點都不矛盾。人的運勢，就像這張曲線圖所顯示的一樣，有高有低。如果一個人已經身在谷底，改不改名，他都必然要往上走。假設他這時改名，他就會覺得，改名字改運是有效果的。反過來說，如果接下來的運勢曲線沒什麼變化，甚至向下走，那當事人就會覺得，改名字一點用都沒有，或是這個老師水平不行。」

說到這兒，我又想到老婆的論點。她說既然有一部分人改名字之後，運勢剛好就往上走，他們肯定會認爲是改名字帶來的影響，說白了，這根本就是穩賺不賠的生意。再者，有這些人替我宣傳，我不就更加聲名遠播，對生意有大大的幫助嗎？

「所以說，主要看你未來運勢是向上還是往下而已？這也就是爲什麼，我覺得那位老師，算命不準，道行不高，但我朋友卻堅定相信，由他改名字以後，運勢眞的變好了的原因？」

「沒錯。而且就在上述的主、客觀這二個原因之下，讓不少人誤以爲改名字能夠改變命運。再加上媒體上有不少算命師爲了商機，推波助瀾，於是改名字改運，就成爲很多人接受的觀念了。」

「劉老師其實大可順水推舟，應觀衆要求，替算命的人改名字就好了，不必費這麼多唇舌向人解釋，又可以多賺些錢。老實說，像您這樣的算命師，大概世間少有吧。」鄭女士說。

「關鍵是我堅信命理學是助人之學，但我不認爲改名字有那麼大的作用。身爲醫生，明明知道藥沒有效，卻爲了賺錢，開藥叫病人吃，這樣的醫生，有點欠缺醫德吧？」

聽我這麼說，三個人都笑了。

「那請劉老師幫我看看，我現在的名字和原來的名字相比，那一個比較好？我個人倒是比較喜歡現在這個名字。」彭女士說。

「就五行生剋與喜忌來看，這二個名字其實都不怎麼樣，雖然相差不大，但二者相比較，原本的名字，相對要好一些。」

「所以劉老師你的意思是說，我改了這個名字之後，運勢就越來越差了，對嗎？我就覺得改了名字後變差了。我就說嘛，那個算命老師眞的是不行。」

「既然妳改了名字之後，我一樣算得準妳的人生運勢，不就證明了改名字一點效用都沒有嗎？」

「縱使我比較喜歡現在這個名字，但劉老師你認爲，以前的名字比較好，所以，我應該要改回原來的名字？」

她的提問，讓另外二人搖頭。

「當然不是。看來妳還是不太懂。現在最流行的、一般算命師廣爲採用的二種算命方法，就是八字與紫微，這妳大概知道吧？」她聽了點點頭。

「是，我們找過好幾個老師算命，他們不是用八字，就是用紫微，像老師你就是用八字來算命。」

「妳知不知道，不管是學八字或是紫微，縱使在自身非常努力，且有明師肯指點的前提下，大概都需要耗費數年的時間，才能眞正出師，達到爲人分析命運的程度？」

「我本來對命理也有興趣，買了二本八字書，想要自看自學，但是非常難，看不下去，後來看了老師寫的八字書，解決了一些困惑，才又繼續學。但老實說，八字和紫微這些東西，眞的蠻難的。」鄭女士說。

「如果改名字眞的那麼有用，像一些推薦改名的算命老師所說的那樣，八字與紫微這些算命理論，都不會有人要學，最終一定會被歷史淘汰。」

「爲什麼？」

「妳想，如果世間有一種藥，能夠治百病，不論是癌症還是感冒，一律藥到病除，還會有人花七年時間去讀醫學院嗎？學一大堆艱深理論，記一大推拉丁學名，還要考試，還要手術。根本不必，醫學院只能收攤，人間只要有那種神藥就行了。」

「好像有道理噢。」鄭女士說。

「如果改名字眞的能改運。什麼命盤與格局，都相對不重要了，只要掌握了改名字的技巧，就能改變當事人的命運軌跡，誰還要花那麼多年的時間，去學那麼困難的八字或紫微，記那麼多相關內容？去學簡單又有效的姓名學就好啦。」

「對誒。」李女士說。

「如果眞是這樣，那算命前一定要先問，你有沒有改過名字啊？改過名字的人，命運軌跡已經被改變，我沒辦法幫你算命了，因爲已經沒辦法算得準了。這樣的事有發生嗎？如果眞的是這樣，我想所有算命師一定得收攤了，不是嗎？」

「所以劉老師的意思是，不論我用的是現在這個名字，或是改回原來的名字，對於人生運勢來說，其實都沒差，對吧？」彭女士說。

「是的。我想妳已經明白了，就用妳喜歡的名字吧。」

「劉老師，您眞的很有職業道德。爲我解釋大半天，費了那麼多唇舌，只是爲了讓我打消改名字的念頭。」李女士說。

聽她這麼說，我不禁苦笑。老婆本想說服我，不用推銷改名字，只要被動等待客人提出要求時「順水推舟」就行。當我向她解釋這些觀點時，她笑我是「傻子」。別的算命師都是好話說盡，勸人改名，增加收入，而我卻是費盡唇舌，讓人打消改名的念頭。她認爲這是我當學者寫論文久了，只知「實事求是」，不懂「變通」的緣故。

「只有在下面所陳述的情形下，我會接受當事人改名字的委託。那就是主觀上不喜歡這個名字，有強烈改名字的動機。有的人是因爲名字太俗，從小就不喜歡。有人是名字意義不佳，或是諧音讓人取笑。或是某些特殊理由讓你對名字厭惡。甚至有人是因爲父母離異，要改從母姓。不管是上述哪一種理由。那就不妨改名字了，而這些都與改運無關。」

我想到自己有時會和妻子分享算命客人的事情，說完這話，我提醒自己，今天千萬記得不要分享客人的故事，以免到時候說溜嘴了，倆人又會爲此爭辯。

「既然改名無法改運，再請教老師，我還要多注意什麼。」李女士說。

「感情方面是這個八字最大的弱點，四十五歲前，妳的感情路，依然充滿波折，要儘量保守些。尤其是明、後二年，這方面更是凶險。」

「我的天啊，要到四十五歲才會比較好，明後年還會比現在更凶噢。」

「四十五歲前，縱使有對象，建議妳再多觀察，盡量不要結婚。四十五歲後，如果還有好對象，再好好考慮。這個八字最忌生肖屬猴和屬狗的，交男友，最好選擇避開這二種生肖的人。」

「聽到沒有，就跟妳說吧。」彭女士說。

「劉老師，事情是這樣的。她有一個同居了四年多的男友，最近半年來，兩個人常常爆發衝突。我們都覺得她男友不好，早該分手，無奈她不聽勸，總想再給他機會，事情就一直這麼拖下去。他男朋友就是屬狗的。」鄭女士說。

最後，我依據八字，傳授李女士專屬於她個人的改運方法，主要是透過服裝與飾物來調整運勢。但看得出來，自我說了那些話之後，她的心情有些沉悶，表情帶著些許的壓抑，一直到離開前，都沒再見著她的笑容。

合婚

「好了啦，妳就別再說了，既然決定要來，就聽聽老師的看法吧。」

「好。那就先看看他怎麼說。」

二人說著話，進門打了招呼後，就開口借廁所，這是遠道而來的客人，常有的動作。今天的客人是周小姐，由母親陪同，二人從新北市土城，開了一個多小時的車，前來算命。母親也姓周，是土城區公所的公務員，穿著白色休閒上衣與深藍色的牛仔褲，斜背著一個黃色皮革的包。周小姐二十五歲，大學畢業快一年，面容姣好，身材窈窕，大約一六三左右，身著鵝黃色棉質襯衫，搭配著水藍色的長裙，左耳還戴著一只銀色心型的耳環。

周小姐讓母親先上廁所。她則報上出生時間，我拿出萬年曆，把她的八字命盤與大運，仔細排出來。在排八字命盤的中間，周女士從廁所出來，換周小姐去上廁所，我繼續低頭核對資料。

「一點小意思，請老師幫忙。」她從背包裡拿出一個紅包來。

起初，我不以爲意，因爲有些人，會在測算前先付潤金。但接在手裡，我明顯感覺紅包蠻厚的，瞅了一眼，至少有一萬元。
「不用這麼多啦。」我把紅包交給她。
「算命的錢我女兒稍後會給，這是額外的小意思，待會兒要請老師特別幫幫我的忙。」
她直接又把紅包拿給我，我覺得事有不妥，於是將紅包再次推了給她。就在這一來一去之間，她聽到廁所的沖水聲及開門聲，看見周小姐走了出來，她只得趕忙把紅包收進背包裡。
「今天來找劉老師，主要目的是要請老師合八字，看看他們二人合不合。」媽媽說。
聽到八字合婚，我頓時了解母親爲何要先遞紅包給我了。這是個複雜的問題，我留了心，盤算著該如何向她們解釋有關合婚的內容。
「八字合婚啊？不急，這個問題比較複雜，我們等八字論命結束後，再來討論這個問題吧。」
「好的。」女兒說。
在傳統的命理服務當中，有一項目稱之爲「八字合婚」。「八字合婚」又稱爲「合八字」，簡單來說，就是依據男女雙方的先天八字命盤中，金木水火土的組合，以及二人之間的五行生剋狀況，來看看二人合不合，適不適合婚配。眼看著八字論命差不多了，於是媽媽又提出了合婚的要求。

「劉老師，這八字合婚應該也要男方的八字吧？妳把資料拿出來給老師。」

「這是他的出生時間。」女兒拿出手機，打開預先準備的資料。

「我看應該是不會合啦，光看外型就知道，他恐怕都沒有妳高？」

「有啦，他一六五。妳就聽老師說嘛。」

不顧女兒不耐煩的語氣，母親還是搶著說了：「妳阿姨要幫妳介紹那個，跟妳比較相配。耳鼻喉科醫師，身高一八〇，不但收入高，家中經濟條件也很好。妳男朋友父母都在糕餅店工作，以後沒法幫兒子，總之，他樣樣都輸，妳不要那麼死心眼好不好？」

女孩告訴我，她和男友是逢甲大學會計系的班對，大三開始交往，至今已三年，感情不錯，男生品性端正，無不良嗜好，而且對她很好。無奈見過他之後，媽媽並不喜歡，認為她值得更好的對象，時不時就叫她與男友分手，最近為這事，二人常常鬧得不愉快。最後，二人想透過八字合婚，解決歧見。於是上周，母女一起上網找算命師，找了三天，媽媽看上的，女兒不滿意。女兒選中的，媽媽不喜歡，最後找到了我。

「由於八字合婚，屬於傳統命理服務的範疇，所以，我下了一番功夫研究相關的問題。包括古籍在內，我看過不少八字合婚的理論與實例。」

「是啊，就是知道老師學問好，所以我們才來找老師解答問題。」媽媽說。

「綜觀八字理論，八字合婚就是將男女雙方的八字，依五行的角度，合起來看看，其中關鍵無非二點，首先，看二人是相生相合還是相沖相剋？其次，看男女雙方是否能互補有無？」

「所以，等一下只要把男方八字命盤排出來，放在一起比較，就能知道答案了？」媽媽說。

「說到互補有無問題，傳統上認爲如果男方八字命盤五行缺水，則最好配水行人或八字水多之人，用另一半的水，來補自身的不足。同樣的，如果女方五行缺金，則最好配金行人，或是配金多之男。這樣才能能夠發揮好的搭配效果。」

「我的八字依照老師的分析，屬於五行俱全的人，並沒有缺少哪種五行，所以跟誰都能夠合，對吧？」女兒說。

「別急，先等我把話說完。八字理論認爲，若是二人的先天八字相沖相剋，那麼在生活上，就容易有衝突不和或分離。比如男方屬金，則忌配屬火之人，因爲火會剋金。如果二人八字相生，則相處起來比較和順，不易分離。配土行人或是水行人，則可形成土生金或金生水的組合。」

「據剛才老師的分析，我五行屬土，適合配火行人或金行人。如果我男朋友是木行人或是水行人，那我們就不合，是嗎？劉老師，難道沒有土行人配水行人，一樣能夠白頭偕老的例子嗎？」女兒說。

「傳統八字理論認爲，男女兩人干支相合較吉利，尤其是干支天合地合者，更是上佳之組合。事實上，從我多年的經驗來看，天合地合而中途離異者、或是結婚後成爲怨偶的，爲數也不少。而天剋地沖而相敬如賓、婚姻和諧者，亦不乏其人。」

「爲什麼會這樣？」媽媽說。

「在我看來，那是因爲這些合婚的理論，本身就有問題。根本上來說，這些學理都違反了『一物一太極』的原理。一個人的八字，就是一個『太極』，而每個『太極』都是各自獨立的。所以，一個人五行的喜忌缺陷，是無法由另一個八字去補強的。就好比改變你家的風水佈局，影響不了隔壁鄰居的風水一樣。因爲，每間陽宅，都是各自獨立的『太極』。」

「難道劉老師的意思是，八字對於男女合婚一點用都沒有？」媽媽說。

「頂多就是看個別的生肖，對於當事人來說，是加分還是扣分而已。但沒有人會依此標準，來選擇另一半。」

「那如果以這個八字來看，屬豬的和屬雞的，哪一個比較好？」媽媽說。

「這個八字的貴人，生肖屬羊，小人屬虎。所以，嫁給屬羊的人能加分，嫁給屬虎的，則相處起來較容易有衝突，相對比較扣分。屬豬的平平，屬雞的則稍差。」

「我男朋友生肖屬豬。」

進行到這裡，母女二人對望了一眼。媽媽抿了抿嘴，而女孩臉上的線條，慢慢的地放鬆多了。

「不喜歡這個醫生也行，想要屬羊的也行，我讓朋友和親戚們多留意，只要開出條件，總會有好的人選出現。」面對母親的態度，女兒語氣堅決：「我現在已經有人選了。」終於，母親說出了心底的話：「妳一向都很懂事聽話，這麼重要的人生大事，千萬不要衝動。媽媽是爲妳好，我看的人多，人生經驗也比妳豐富，妳現在只是一時被愛情沖昏了頭，將來妳肯定會後悔。總之，我覺得他根本配不上妳，妳值得更好的人。」

「妳當初也是聽外公外婆的話，結果有比較好嗎？最後還不是變成單親媽媽？」

「妳……，我……，唉！」母親不知該說什麼，一時間漲紅了臉，藉口借廁所去了。現場一片靜默，幾分鐘後，她重新回到了座位上。

為了防止劍拔弩張的情形再次發生，於是我說：「其實，自古以來，人們就想解決合婚問題，除了找算命師，最常用的方法，就是找祖先幫忙。」女兒一聽之下，誤以為我讓她用擲筊的方法決定，搶著說：「找祖先幫忙，擲筊嗎？這太冒險了吧？」

「這個方法的執行非常簡單，只要將女方的庚帖（女方先天八字的命書）置於香爐之下，將事情稟明祖先。在此之後的幾天，如果闔家平安，就算過關。相反的，如果這幾天當中，比如發生死了隻雞或豬等等事件，則代表祖先不認可這個對象，受測者無法通過考驗，那麼，這門婚事就會遭到否決。」

「這個方法倒是不錯，只要沒事發生，就代表通過考試。還好，我家沒有供奉祖先。」女兒微笑著說。

我見情勢和緩，於是再次切入主題：「在古代，男女的結合，靠的是媒妁之言與父母之命。由於男女雙方沒有見面的機會，才會衍生出『八字合婚』的命理服務，這是傳統社會之下的一種產物。由於大家都沒見過面，算命師可以透過八字，分析出命盤當中的一些信息，所以，比較起來，算命師掌握的信息，會比當事人來得多。而隨著時代的進展，算命師已經不具備這樣的優勢了。」

「怎麼說？」媽媽說。

「因爲現代男女的結合，都是透過自由戀愛、交往一段時間之後，最後有緣，才成爲夫妻。而算命師所知道的信息，肯定沒有當事人多。而且『二個人的世界，只有交往的雙方知道的最詳細』，外人始終只能霧裡看花。對象是好是壞，當然要以二人相處的過程爲準，自行判斷。」

「可是，她還年輕，很多事還不懂，我怕她選錯了對象。」媽媽說。

「但不論如何，時代已然改變，早已不是古代的那個樣子了，既然妳可以自由選擇、決定與誰共度一生，又怎麼會想要倒退回古代，以有缺陷的合婚理論，讓算命師爲你判斷對方的好壞呢？說句眞心話，我認爲八字合婚，在現代來說，已經失去意義了。這種事，應該由當事人自行決定。任何人，包括還在爲人八字合婚的算命師在內，企圖利用某種方式，來左右決定，其實都只能是『越俎代庖』而已。」

聽到「越俎代庖」，媽媽的臉，霎時沉了下來。

「當然，父母的擔心，無非是希望子女將來能過得好。對於這點用心，做子女的應該好好體會。」說這句話時我特意望向女兒。

她瞬間領會我的意思：「就像老師所說的，二個人的世界，自己最清楚，與誰相伴過一生，得靠我自己決定。我了解，媽媽的反對，都是爲了我好，我一定會好好選擇適合的人，但也請媽媽給他機會，不要急著反對。」

聽到女兒這麼說，媽媽的眼眶泛著眼水，女兒伸手輕撫母親的背，也流下淚來，媽媽趁機拿出面紙拭淚。最後，整理好情緒，女兒挽著母親，二人都帶著笑容，離開了博士命理。

回馬槍

「叮鈴鈴，叮鈴鈴……。」今天預計要發表部落格文章，所以早上特別排空，沒有安排客人。納悶之間，接起電話。只聽到母親說：「有客人臨時跑來，你下來一下。」

「老師好。」說話的是一位穿著紅色碎花圖案上衣，下著棕色七分長褲，踩著一雙帆布休閒鞋，打扮樸素的婦人，隨身還拖了個菜籃車，想必是趁買菜時，順道來的。她乍看之下，是黑色的短捲髮，但仔細一看，靠近頭皮的髮根處，佈滿了細密的白髮。我看這年紀，多半是爲了兒孫的事上門的，於是我說：「妳好，請問是要幫小孩八字論命嗎？」聽我這樣說，婦人連忙笑著搖手說：「不是啦，是要算我自己。」

她是走路來的，這表示她是附近的人。一來是因爲她的年紀，又不會上網，照理說不是我的客戶群。二來，由於我算命收費比本地的算命師要高，所以，特別把收費標準告訴她，以免產生糾紛。她表示沒有問題，接著就開始了她的八字論命。

由於她並無工作，又沒有投資理財方面的問題，再加上她的年紀已七十歲，所以，八字論命的重點多半都圍繞著身體健康，以及要注意避開的災厄，另外，就是有關於家人的部分，如果八字中有這些信息，就提取出來供她參考。

進行了三十多分鐘，要說的、要問的，大致都已經差不多了。於是她拿出費用交給我，我也將寫好的命書用釘書機釘好，放進資料袋中，交給她帶回去參考。眼看著她一邊接過東西，一邊向我道謝後，站了起來，往門外走去。走了幾步，又折返回來。

「噢，對了，劉老師，剛才忘了問，請問我的婚姻怎麼樣？」婦人笑著問。而我聽她這麼一問，只得請她把資料袋給我，打開命書。身爲算命師，我有個習慣，有些比較需要注意的部分，我一定善盡告知的責任，其它部分，則當事人不問，我就不說。一來表示機緣未到，二來如果各個面向都要鉅細彌遺地討論，三個小時可能都不夠用。但也有一些客人，明明都已算完，該問的也問完，卻還捨不得走，總想辦法擠出些問題來，純粹只是想多得到點信息。由於她已起身要走，然後又坐下，所以，我心裡想，她應該也是屬於這類人吧？但幸好，當時我並沒有隨便應付了事。

打開命書，我仔細看了看，她的夫妻星（正官）與夫妻宮（日支），二者俱凶，婚姻肯定不好。這個女人是癸水人，他的老公（正官爲夫）則是戊土人落在月柱（月柱爲同儕宮），戊土人的特質是非常自我中心，且戊癸合化爲火，火是來生土的，所以，可以解讀爲凡事都要依他的利益爲主，所以，八字命理將戊癸之結合，命名爲「無情之合」。

「妳的婚姻不好，婚姻的經營，都要靠妳不斷的忍耐才能維持。妳的老公非常自我中心、自私。夫妻之間的事務，他從來只考慮自身，不會顧及妳的利益。在同儕面前一定要非常順從他，儘量給他面子，否則就會爆發嚴重衝突。總而言之，他對妳可以說很『無情』。」

我慢慢的說完這些斷語後，老婦人竟流下淚來，而且持續流淚了好一會兒，看她這反應，我不敢再往下說，默默打開抽屜，拿出面紙，遞給了她。過了幾分鐘，才慢慢止住了淚水。

「我嫁給他四十幾年，爲他生育二子一女，侍奉公婆體貼孝順，操持家務勞心勞力，但是他從來沒有對我說過一句感謝的話。」她接著說：「他在朋友面前喜歡膨風，有時候我覺得說得太過火，出言打斷他，等朋友離開，不免就要大吵一架。而且，他吵架從不主動道歉，就算他知道錯在他，他也不會道歉。老師，你說得一點都沒有錯，他的心中都只考慮他自己，從來不會顧念我，他確實對我很無情。」

說到這裡，她的眼淚又開始流個不停。我只能再次遞上面紙，等待她心情平復。情緒稍稍恢復後，她問：「老師啊，我這輩子可以說爲他做牛做馬，卻得到這種結果，爲什麼會這樣啊？」

「這是八字的格局造成的，癸水命的女人嫁給戊土男人，結局多半是無情的對待。我看過很多這樣的八字，女方都會覺得老公很自私、無情。不論學歷、身分、年紀，只要八字有這種格局，就會有類似的結果。」聽我這麼說，她停頓了半晌，似乎在想些什麼。然後悠悠地問：「所以，結論是就算我嫁給別人，也一樣會是這種不考慮另一半，無情的人，是嗎？」

「可以這麼說。其實這跟妳多麼努力，爲他做了多少事，並無關聯，妳不必一直糾結在這個點上。」我停了一下，接著說：「這種格局容易遇上無情之人。重要的是，在婚姻生活上，對方只會從自身利益考慮事情，不要巴望他能對妳多好。妳只能把標準放低一點，不要與別人相比較。能夠了解這點，就不會跟自己過不去。不要只想到爲別人付出，妳更要對自己好一點，這樣心態上也能比較平衡些。」我一口氣把話說完，靜靜的等待她消化這些內容。

「劉老師，以前你在土地公的時候，我就知道你了，一來那時廟裡人來人往，二來我這把年紀了，問感情怕被別人笑，所以都不敢去問。向廟裡的人打聽之後，才知道你在家開業了。老實跟你說，我來算命的眞正目的，只是想了解我的婚姻。壓在心底多年的問題，今天總算是得到解答了。謝謝劉老師的開導，我會好好調整心態，不要再亂想了。祝福你生意興隆。」

說完，她帶著微笑，拖著菜籃車，向我道別。原來，尋求最後這個問題的解答，才是她今天來算命的目的。望著她離去的背影，心中百感交集，也讓我想起另一個令我印象深刻的類似案例。

男客人姓張，來自新北市永和，一進門就笑著三十度鞠躬向我問好。張先生鼻子高挺，由於臉部肉少骨多，眉骨與顴骨都比較尖凸。他身穿藍色運動排汗衣，黑色休閒長褲，脖子上掛著一條手指粗的黃金項鍊。皮膚黝黑，腳上是耐吉的球鞋，身上肌肉精實，應該是個常常運動的人。雖然滿臉堆笑，但當他笑起來時，可以看到兩邊顴骨各有二條明顯的橫紋。

張先生在大陸經商多年，這二年才搬回台灣。八字論命進行了快四十分鐘，從五行缺什麼，五行喜忌，適合從事什麼行業，不適合哪些工作，健康上該注意哪些，大運流年等等，把該說的都說得差不多了。最後，連他所提問的部分，也差不多都回答完了。由於我的分析，基本上都符合他這些年來的經歷，所以，這過程中他始終帶著笑意，可以感覺到他對論命的內容，都很滿意。眼看八字論命就要結束，這時張先生說：「劉老師，最後請教一個問題，以我這個八字來說，是屬豬的生肖與我比較合，還是屬牛的跟我比較合。」

我看了八字命盤，張先生是甲寅年生，命局裡木多且旺，所以要取時支的午火為用神。亥（豬）五行屬水，會剋午火，丑（牛）五行屬土，會泄午火，二者都不佳，但比較起來，當然是亥水剋午火比較凶。我回答：「這個八字的貴人生肖屬馬（午），屬豬和屬牛的都不好，但二者比較起來，還是有程度上的差別，亥水剋午火，所以屬豬的大凶，屬牛的小凶。」

「不會吧？劉老師，你要不要再仔細看看，屬豬的對我應該比較有利吧？」他說這句話時，臉上已經沒有了笑容。可能是我太直率吧？我立刻就說：「古代命理大師曾說過『看命者，看用神而已矣！』既然前面分析了那麼久，都與人生經歷對得上，那證明我的用神沒取錯。所以說，這個判斷也就不會出錯。」

「不可能，這個答案我無法接受。」張先生提高聲量。

「誒，這個……。」我被這態度的轉變嚇了一跳，說話變得猶豫。老實說，沒遇過這種狀況，我有點反應不過來。

「為了解答這個問題，我當初特別到北京，找了一位全國知名的六爻大師，他跟我說虎跟屬豬的屬六合關係，特別合得來，而且寅亥合，亥水會生寅木，對我有大大的幫助。怎麼可能像你說的那樣，屬豬的會大凶？」他態度嚴厲的說。

「看八字命盤，三合六合等內容，基本上沒什麼用處，關鍵在用神。你的八字的用神是地支午火……。」

我的話還沒說完，張先生直接打斷了我的話：「人家是全中國有名的大師耶，算一次要價人民幣五千塊，我當初花了那麼多錢，要他解答這個問題，因爲大師斬釘截鐵的說，六合關係最合，屬豬的對我助益最大。我聽從了他的建議，在二個女人當中，娶了屬豬的女人當老婆，怎麼可能像你說的那樣？」

原來不小心踩到地雷了，我心中暗暗叫苦。而張先生卻越罵越起勁，他反反覆覆說著「人家是全中國知名的大師」、「算一次要五千塊人民幣」、「大師生意很好，預約要等很久」、「六合是最合的生肖」、「水生木對木最好，助力最大」、……。他睜大眼睛，臉部肌肉緊蹦，語氣越來越凶，後來，幾近咆哮，而且似乎沒有要停下來的意思。

我看了這種情況，雖然心中百般不願意，也只能硬著頭皮打圓場：「不好意思，張先生，可能是我能力不足、思慮不周吧？多多得罪，這樣吧，沒能好好解答你的問題，今天的八字論命就當免費吧，很抱歉，耽誤您寶貴的時間。」

聽我這麼一說，他不再那麼激動，漲紅的臉也慢慢平復，瞪著我說：「對嘛，屬豬的六合關係，才是最有助益，最合我的生肖。」我心中百般不願，也只得附和著說：「是是是，六合最合，助力最大了。」

他聽到這句話，就動手收拾資料，離開座位，向外走去。我還記得，他在推門出去時，還回頭惡狠狠的瞪我一眼，並且「哼」了一聲。出門後，似乎氣還沒消，只見他在對面的陰涼處點起了菸，帶著怒氣看著門內。

遇到這種凶神惡煞般的客戶，心裡當然不愉快。睡前不免向太太抱怨起來：「既然前面的分析沒問題，證明用神沒取錯。既然用神定位準了，屬豬的不合肯定就沒問題。」沒想到她說：「你的判斷沒有錯。」她的回答令我大吃一驚。

「妳怎麼知道？噢，是因爲妳對我有信心？」

「我是對你有信心，但這跟有沒有信心無關。」

「什麼意思？」

「你想。假設一個夫妻感情很好的人去算命，而且前面過程都很好。到最後問了類似的問題，而你聽到算命師說太太跟你不合，明顯與事實不合，你當下會有什麼反應？」

「我應該會笑笑的澄清，我太太和我感情不錯等等。」我說。太太笑著說：

「是嘛，你有可能會暴怒嗎？」我回答：「不會。」她聽了笑著說：「那他為什麼會有那種舉動？因為他被說準了，但心態上不願接受，才會有那種激烈的反應。他跟太太感情肯定不好。說不定心裡還時不時想著，當初如果娶另一個女人，現在可能比較好之類的。但畢竟時光不能倒流，想也沒用，才會『見笑轉生氣』。」

太太的一番話，讓我頓時豁然開朗，不再糾結。女人的直覺確實比較強，尤其是感情方面。

據統計，當人在工作或運動，需要攀爬高處時，往往在接近地面時，摔落的機率最高。原因是在高處時會比較小心、專注，靠近地面時，心態上會比較放鬆，所導致的結果。「人在江湖飄，豈能不挨刀」，挨了這一刀，提醒我以後面對客人，哪怕到了最後一個問題，還是得小心為上啊！

雙胞胎

「人定勝定」還是「命由天定」？每個人心中有不同答案。但你是否曾想過，答案或許落在二者之外？

「叮鈴，叮鈴鈴……。」我在二樓起身接起電話。

「客人已經到了，正在門口停車。」母親在一樓說。

「我有事要出去，這裡就交給你了。」母親說完就從後門出去了。

我在座位坐定，等了足足五、六分鐘，客人才走進門。

「劉老師好。」

「好，請坐。」

陳先生是新竹人，從事電子業，是一家電子大廠的工程師。三十七歲，尚未結婚。他穿著淺藍色格子襯衫，一件卡其色的休閒長褲，以及一雙藍黑相間的耐吉運動鞋。他的脖子上，戴著一條，號稱能夠阻擋電磁波的黑色鈦鍺金屬項鍊。坐定之後，身上飄散著淡淡的菸味。

在八字論命的最後階段，我仔細指點他，有關於開運服飾的內容，把今天的八字論命做一個結束。

「劉老師，能不能再耽誤你一點時間，最後再問一個問題。」

「沒問題，請說。」

「是這樣的，劉老師，我有一個雙胞胎弟弟，出生時間相差十幾分鐘。照理說，我們二人應該是出生在同一個時辰，這樣說來，兩人的八字命盤，應該是一樣的吧？」

「確實，從你們二人的出生時間來看，屬於同一個時辰。這在八字命理上，是區分不開的，你們二人的八字命盤，的確是完全相同的。」

「既然是一樣的八字命盤，爲什麼命運會差這麼多呢？這個疑問我放在心中很久，始終得不到解答。今天能不能麻煩劉老師爲我解答困惑。」

「這是個大問題，自古以來，很多的命理大師，都企圖解答這個問題，確實很棘手，要讓你明白，恐怕不容易呢！」

「我知道這問題不容易，老實跟你說，我去過別的地方算過命，也問過相同的問題，但還是沒能讓我解惑。這難題困擾我好久，麻煩劉老師了。」

「機會難得，讓我驗證一下。古代的命理大師有一種理論，雙胞胎同性別同八字之下，身旺的八字，先出娘胎的人，先天稟賦較佳，後出娘胎的較差。身弱的八字，則結果相反，先出娘胎的人較差。你這八字是身旺的八字，照理說，你先天的稟賦，應該要優於你的弟弟。」

「確實如此。我小時候身強體壯，是足球校隊，而且功課很好，高中上了第一志願，交通大學畢業。弟弟小時候經常生病，愛玩樂，不愛讀書，讀了個高職的水電技術科，最後從一個名不見經傳的科技大學畢業。」

「我已經驗證過四、五對雙胞胎了，結果都是正確的。看來古人的理論，還是很有參考價值的。」

「不瞞劉老師，這就是讓我感到困惑的地方。國中以後，由於兩人的表現差距越來越大，不管是父母或是親戚，從來不會把我們拿來做比較。當然，也可能是怕傷了他的自尊心吧？說得誇張點，在人生的道路上，他連我的車尾燈都看不見。但是，這幾年來，我覺得他逐漸加速，追了上來，而且似乎已經來到我身後了。老實說，我不解，我在各方面都很努力，爲什麼會發生這種情形？是不是這幾年我犯了什麼錯？還請劉老師爲我解答。」

原來，這才是令他越來越困惑的癥結，看來，我得好好解答了。「這也不能這樣說。」我邊說邊尋思，該用什麼方式說明，好讓他理解。

「這幾年來，我充滿了疑惑，到底是結婚好還是不結婚好？電子業還是水電行業比較好？我的選擇到底對不對？還是弟弟的選擇其實比我的好？」

「看得出來，這個問題的確實鑾令你困擾的。」

「還是說，不論選擇什麼，結果都會類似能量不滅定律一樣，能量總和是不變的，這部分好了，某部分就會被扣分？」

「這個想法鑾有創意的，但眞相並不是這樣。」

我停了下來，喝了一口水，想想該如何解釋這個問題。突然，靈光一閃。

「你用手機上網查一下，郭台銘是哪一年出生的。」

「維基百科上顯示，郭台銘是一九五零年十月十八日出生的。」

「你再查一下，當年的出生人口是多少人。」

「依據資料顯示，當年的出生人口數，共有三十二萬三千六百四十三人。」

「一天有十二個時辰，也就是說一天有十二組八字，一年三百六十五天，你用手機計算一下，一共有多少種組合？」

「好的。劉老師，計算結果一共有四千三百八十種組合。」

「你再把當年的出生人數，除以這個數字，就是平均每個時辰所出生的人口數，你算看看結果是多少？」

「一共是七十三點七四。」

「好吧，我們保守點，全台灣和郭台銘八字命盤相同的人，起碼有五十人以上，但爲何只有郭台銘能成爲台灣首富？想清楚這個問題，你就能得到答案了。」

「類似的問題我會想過，意思是郭台銘能成爲首富，完全是因爲個人的努力，與他的八字沒有關係是嗎？但冒昧的說，請別見怪，既然這樣，算命不就沒有意義了嗎？」

「八字命盤相同，人生命運卻不同，並不能論證算命不準，更不能說算命沒有意義，那是兩回事。我請教你，以你自己的經驗來說，從剛才進門八字論命到現在，有不準嗎？」

「這倒沒有。所以這讓我更加感到迷惑了。還請劉老師透過您的專業，爲我解答這困擾多年的疑惑。」

「當然，選擇電子業，一定符合他八字命盤的吉利趨勢。電子業五行屬火，火能助火，火能生土。由此看來，郭台銘先生的八字命盤，一定是以火或土做爲用神，你仔細看看資料。」

「眞的誒，根據維基百科上所寫的資料，郭台銘一九七四年二月創業初期，是與朋友合資，成立資本額新臺幣三十萬元的『鴻海塑膠』，生產塑膠成品加工。隔年因景氣低迷和缺乏經驗，資本額新臺幣三十萬元全數花光，原先合資的股東紛紛退出。請問劉老師，塑膠成品加工五行是屬於哪一類？」

「塑膠化工產品，五行屬水。可見他的八字命盤，是以火爲用神，水能剋火，選擇錯誤，所以失敗收場。」

「根據維基百科上面說，失敗之後，郭台銘向岳父借了新臺幣七十萬元，買下整間公司，改名『鴻海工業』，公司資本額擴增至新臺幣五十萬元，從事黑白電視機旋鈕的製造。一九八一年鴻海成功開發出個人電腦連接器產品，由此轉型生產個人電腦連接器。一九八二年公司更名爲『鴻海精密』。從此之後，事業越做越大。所以，他眞的是由水改成火後，才踏上了成功之路的。」

「不僅如此，他肯定是在人生順境的大運與流年，開始了他的創業。他由水改成火的那年，肯定是他大運流年，由運勢低谷開始爬升的轉捩點。」

「原來如此。」

「透過八字先天命盤格局的分析，可以得到很多資訊。諸如什麼五行適合這個人，什麼五行不好。什麼大運流年好，可以衝刺，什麼流年不好，應該保守。這是都是算命的積極意義。」

「這樣就能少走彎路，或避免走錯了路。」聽陳先生這麼說，我點了點頭。

「你有和郭台銘先生一樣的八字命盤。但是當郭台銘決定投入創業的行業，放手一搏之時，你卻在公司擔任小主管，滿足於這種成就。又或是你考上公職，當上了公務員，一輩子最大的願望，就是過著穩定的日子，直到退休。」我停了停，拿起桌上的杯子，喝了一口茶：「當郭台銘在順境的大運與流年，開始了他的創業，不斷吸收相關知識，非常打拼的一天工作十幾個小時的時候，你雖然也在順境的大運與流年，但你選擇和朋友相約釣魚打牌、吃飯喝酒，生活愜意逍遙。而當郭台銘離開家庭溫暖，走出舒適圈，在世界各地開拓事業、解決難題、苦思對策、尋找機會的時候，你正帶著一家人北美八日遊、日本關西七日遊。心情愉快的吃飽喝足。你認爲最後結果能一樣嗎？」

「當然會不一樣。」

「同樣的八字命盤，同樣的經歷人生順境的大運與流年，但郭台銘用來開疆拓土，全球佈局之時，遇到不少困境與難題。他善用智慧，解決事業上遇到的困難，不斷的擴張事業版圖。而擁有相同八字命盤的你，生活也過得不錯，充滿了小確幸。當然啦，小確幸沒什麼不對。就像『莊子。逍遙遊』所描述的大鵬鳥與小麻雀一樣，大鵬鳥有大鵬鳥的志向，小麻雀有小麻雀的快樂。二者無需比較，無需羨慕。」

「劉老師，我懂了，就算有相同的先天八字命盤，但終究是因爲不同的抉擇，以及企圖心、努力、毅力、魄力等等差別，這些後天因素的總合，讓郭台銘能脫穎而出，成爲台灣首富。」

「沒錯。還有，我們常常只看到人家的成功，卻忽略了他背後付出的努力。」

陳先生似乎聽出了我的言外之意，陷入了沉默。我喝了口茶，讓他靜靜的思考一會兒。看著他的八字命盤，用神屬木，這十年間財運不佳，還有身體健康上的問題……。

「接下來，我就拿你和你弟的人生命運爲例，再詳細爲你解釋解釋。」

他微笑著點點頭，彷彿多年的迷惑就要找到答案似的。

「你從事電子業，弟弟是做什麼的？」

「弟弟從事水電方面的工作。」

「你們的八字命盤用神屬木，而電子業五行屬火，水電來說，五行爲火帶水。電子業的火會消耗木，而水則會來生木。那你弟弟在工作方面的選擇，比你來得好，相對來說，他在工作方面能力比較強，也比較愉快，發展上也會慢慢比你要來得好。」

「確實。相對於我來說，他比較樂在工作，不像我常常抱怨這抱怨那的。他的水電技能得到很多人稱讚，他二年前自己出來開水電行，已經慢慢打開局面，越做越好了。」

陳先生邊說邊點頭，兩人同時喝了口茶。

「你弟弟有沒有結婚？有小孩了嗎？」

「有，娶了個美嬌娘，大他一歲，生了一兒一女。」

「以這個八字命盤來看，婚姻與子女方面的運勢都不錯。因此，你弟弟婚姻美滿，娶了賢慧的老婆，子女也不錯，整體來說，家庭生活愉快。你沒有結婚生子，這方面你是不如他了！」

「確實，我弟弟夫妻感情不錯，他妻子是個賢內助，像他現在開店，她老婆也幫忙不少。尤其我弟不擅言辭，他老婆倒是很會應對客人。一對兒女聰明乖巧。就這方面來說，老實說我真的是蠻羨慕他的。看來，我也該結婚才對。」

「再來，以這個八字命盤來看，在健康方面，命主必定在筋骨與上呼吸道方面比較差，而且你弟弟一定和你一樣，聲音比較沙啞，結合大運來看，必然在三十二歲以前，這些問題就已經浮現了。」

「準！劉老師。我倆確實在筋骨與上呼吸道方面都不好，他說起話來，也和我一樣，有點破嗓。只是，可能因爲工作性質不同，他的筋骨，比較起來更差一點。但是他有了小孩之後，在老婆的勸說下戒煙了，所以他的上呼吸道方面，倒是比我稍好一點。」

「你們二人，在這步大運上，財運不佳。因此，誰的理財方式越不保守，就越不理想。如果有投資股票、期貨這些比較積極冒險的項目，破的財就越大。」

「唉，原來是這樣。我這幾年在股票投資方面，先贏後敗，總共賠了二百多萬。我弟弟說他不懂股市，一張股票也沒買，現在拿著這幾年積存的錢，開水電行去了。」

「從你們二人的實例，可以清楚的看到，相樣的八字會有相同的大趨勢，諸如身體健康方面哪個部分比較差，適合做什麼，在哪個時期財運的好壞……等等，這是屬於命定的部分，可以經由推命之術推測出來。」

「算命就是要透過先天命局的分析，指點人做出最有利的選擇。」陳先生說。

我點點頭說：「爲什麼相同八字卻有不同的人生命運呢？就像剛才郭台銘的例子一樣，關鍵在於個人的抉擇與後天的因素。結婚生子與否，理財方式，工作的選擇，生活習慣，企圖心……等等，這是屬於不確定的部分。這些因素，才是造成你與弟弟，八字命盤一樣，卻有不同命運人生的關鍵。」

「經由劉老師的詳細解說，終於解開了我心中存在許久的謎團，讓我豁然開朗。」

「你在各方面都很努力，有時不必太糾結，那只會跟自己過不去。」我停頓了一下，看見他苦笑著點頭之後，我接著說：「還有，不要忽略了，你弟弟也許天資不如你，但他也一樣很努力。」

一時之間，他怔住了。過了好半晌，才幽幽的開口：「好的，我懂劉老師的意思，謝謝。我和女朋友年紀都不小了，她都催婚好幾次了，看來，我得好好思考下一階段的人生問題了。」

只見他一走出屋外，就迫不急待掏出煙來，點上，在門口大大吸吐了幾口，才若有所思地打開車門，駕車離去。

在問測結束後，張先生說：「劉老師，能不能拜託你一件事，費用方面，大家好商量。」

「有什麼事，你先說來聽聽，看看我能不能幫得上忙。」

張先生年約四十，在第一次上門八字論命之後，每遇到有事要決策，他都會來找我測事。不僅如此，還曾邀我到台中，爲他的房宅調理風水，所以，也算是對我非常信任的客戶了。依據我多年的經驗，只要是客戶說「費用方面好商量」的服務事項，多半是棘手的案件。老實說，有些客戶的要求，往往超出我的能力，不敢輕易答應。

張先生說：「我在台中西屯有一間房子，曾找過老師看風水，老師還記得吧？」我回答：「是，記得。看過風水後還有什麼問題嗎？」他聽了我的話趕忙說：「不是，那間老師調過的，沒什麼問題。我在台中西屯區文心路還有一間公寓，想請老師看風水。」原來是新的案子，我回答：「噢，那今天就可以敲定時間，改天到台中去看風水。」

張先生語氣嚅囁著說：「但是，這次想請老師看風水，有不一樣的要求。我不是要把風水調好，而是想請老師把風水調凶、調壞。」我一聽事情有點不尋常，於是問：「什麼意思？要把風水調凶？」。

「事情是這樣，我在西屯的那間公寓，是父母贈與的，登記在我名下。有時我父母從南部上來看孫子時，就會小住一段時間。」他喝了口茶，繼續說：「前年，我妹夫做生意失敗，經濟比較拮据。於是我父母就要求我幫幫忙，先把房子免費讓給他們一家三口暫住，緩解他們的經濟壓力。誰知道，一住二年多了，他們也沒有搬走的打算，我現在是請神容易送神難。」

我問：「那不能跟你妹夫他們溝通溝通嗎？」他聽了無奈地搖搖頭說：「我本人有點不好意思提，原本打算請父母出面，解決此事。於是在他們住滿一年之後，我就向父母提過此事，但沒想到父母反而勸說我，再給他們一點時間，我也就忍了下來。直到住滿二年後，我再度跟父母提及此事，父母終於點頭處理。沒想到，夫妻二人一再拜託，要我再給他們一點時間。心軟之下，又過了半年了，這件事依然沒有進展。」

「反正你生活也還過得不錯，就當是幫忙吧。」聽我這麼說，張先生面有難色說：「老師，你有所不知啊，我的孩子也漸漸大了，花費項目越來越多，如果可以把房子收回來，再租出去，每個月就能多二萬塊收入，我們的日子也會比較好過。而且臉書上常看到他們上餐廳吃飯，最近我妹夫還買了新車，依我看，他們的生活，過得比我們家還好。他們倒好，住免錢的，再這樣拖下去，問題一定更難解決。」

「所以你想要我把他們的風水調凶，用風水的手段來解決問題？」

「是的，劉老師，反正房子的鑰匙我有，傢俱擺設也都是我的。我們只要找一天早上，趁他們不在家的空檔，進去佈局就行了。」

「風水學只有教人如何把風水調好，沒有教怎麼把風水調凶，所以，這個生意我沒辦法接。」我心裡想，看個風水還要像小偷一樣偷偷摸摸，趁人不在才能看，這種事我可不幹。

他不死心的說：「不是常有風水師去破了人家風水寶地的故事嗎？劉老師，你不用太謙虛啦，我相信你有辦法。」我帶著微笑回答他：「你電視看太多，那些故事都太誇大了。」我以為這樣說，就能讓他死了這條心，沒想到他竟然有備而來。

「老師網站上的文章，我都反覆看過了，在風水當中有一個實例，是探討風水佈局所造成的影響，我印象很深刻，因為那恰好也是台中的房子。我記得在那個案例中，只因爲主人放置了盆栽、太師椅、紫晶洞幾件擺飾，就導致家裡丁財兩敗，諸事不順，不是嗎？我只要買晶洞和盆栽，請老師指點我該放在哪裡，這樣不就行了？還是老師知道，有比盆栽和晶洞更有效的東西？」聽他這麼一說，我只能苦笑道：「你把文章看得那麼仔細，眞的是個忠實粉絲。」

聽我這麼說，他趕緊順水推舟：「費用的部分，我照台中看風水的費用再加一倍，拜託老師幫幫忙，你看怎麼樣？」看來我也只能明說了：「這倒不是錢的問題，雖然在技術上，可以透過反向佈局，讓風水變凶，但是我總覺得這樣做不太好。」

「劉老師，你不用顧慮那麼多，我妹夫的台南老家，是經營蜜餞生意的，有一次吃飯喝酒有點微醺時，他曾告訴我，如果台中混得不順利，他考慮要回老家接手蜜餞生意，我們這麼做，沒有害人之心，只是順手推他一把罷了。」

「重點是這違反我的原則。而且，你可能把這件事想得太簡單了，風水不是一加一等於二的數學題，老實說，在反向操作之下，根本無法控制災損的程度，萬一出事損傷人丁，沒有人能擔待得了。命理風水是助人的學問，不是用來害人的。我奉勸你還是多多溝通，不要企圖用風水解決這件事，以免後悔。」

最後，張先生看我態度堅決，知道無法說服我，也只能帶著失望離開。張先生的請求，讓我想起了一件類似的事件。這是在開業前，曾經有數年的時間，每個週末上午，我都會在頭份的土地公廟，爲人義務測算，所發生的事情。

當時因爲每個星期六上午，義務爲人解惑的事，逐漸傳開了，問測的人越來越多，後來還曾因爲先後問題引發爭執，廟方於是設計了號碼牌，依次問測。這件事就發生在民國一百年的春天。

看到前面一位測事者離開，後面一位身形矮胖，年約四十多歲的先生從座位上起身，只見他一身黃色運動上衣，藍色牛仔褲，腳上踩著一雙勃肯鞋。他的身形矮胖，啤酒肚把上衣撐得鼓了起來。看來是剛把檳榔吐掉，牙齒上還有紅色汁液的痕跡。他肉肉的圓臉堆滿著笑意，邊就座邊向我點頭，並把編號第十八號的牌子交給我：「老師好。」我也微笑著說：「你好，先生貴姓？」他回答：「我姓邱。」

我趁著這個換人的空檔，趕緊喝了一大口茶。問他：「邱先生好，你哪一年出生的，生肖屬什麼？我測事需要知道你的年命。」他馬上回答：「我六十年七月出生的，生肖屬豬。」

一般測事的流程是這樣的，我會事先將六爻卦、奇門局、六壬課排出來，接著詢問對方資料，藉以知道對方年命，再找出卦中求測者的信息落點，然後，求測人說出想問測之事，我再從卦象中，以求測人與問測之事二者的交互作用中，找出問題的答案，提供問測人參考。

「六十年七月出生，年命是辛亥。」我邊說邊找尋卦中求測者辛亥的信息落點，找到之後，仔細的分析了一會兒。他見我在思考，不敢打擾，二分鐘之後，我問：「這次來想問什麼？」他回答：「要問財運，看看我最近是不是有財要進來？」

我仔細看了看，在奇門局中，代表錢財符號的戊土落在坤二宮來生他的年命，在六壬課中也有巳火財星落在他年命頭上，而六爻卦中，二爻動了，也有來財的符號，綜合來看，進財已是指日可待之事。於是我說：「最近確實有財可進。」他聽了很高興，接著問：「看這樣子應該會有大財進來吧？」我回答：「這些卦象顯現出的數字是二。」

邱先生一聽大喜：「二百萬？比我預期的還多，原本我估計大概有一百二，最多不會超過一百五。」我再仔細看了看卦中的信息說：「肯定沒有那麼多啦，依我看二十萬左右吧。」

邱先生聽了失望的說：「老實跟你說，這是春季賽鴿的獎金。我這次買了比利時進口的賽鴿，加上各種高價的保健品，花了不少錢，而且我花了很多心力，早晚訓練，假日無休，這次比賽，我覺得實力堅強，應該能夠撈一筆。老師，你要不要再看看？」

我嘟噥著說：「戊土落在坤二宮，所以數字是二，但已亥常加四，已火要取四的數，但落空亡之地，所以折半，且所有相關信息都不旺相，肯定沒有那麼大的財，依我看就是二十萬上下吧。」聽到這個答案，他的臉都拉了下來，立刻就起身，然後勉強擠出點笑容，說了聲「謝謝」就離開了土地公廟。

過了約莫三個月左右，我又見到他來問測。他這次一上來，就對我笑著鞠躬，態度十分客氣的說：「劉老師好，我姓邱，六十年七月出生的，生肖屬豬。」我回答：「噢，你好，邱先生，請問這次要問什麼？」他笑著說：「一樣，要問財運，看看我最近是不是有財要進來？誒，上次的事被你說中了，我最後只拿到了十九萬多。這次是夏季賽鴿，看看這次比賽，能比上次多拿到多少獎金？」

我一邊聽著他的問題，一邊找尋卦中求測者的信息落點，找到之後，再看看與財相關的符號，仔細的分析了一會兒。怎麼看，都沒有得財之象，況且，奇門局裡還顯示出投資失利，血本無歸的信息。於是我說：「從卦象上來看，沒有得財之象。」他語氣帶著不悅說：「這跟上次的鴿子不同，我又用心訓練了幾個月，它們的實力比上次那批更強了，我好不容易向一些老手打聽，買了更高價的保健品給賽鴿吃，不可能比上次差吧，怎麼可能會拿不到獎金呢？劉老師，你要不要仔細再看看？」

雖然他不相信，我也只能再說一次：「這次投注的心力，應該是有去無回了，因爲卦裡都沒有看到你得財。而且還有破財的信息，奇門局戊土落在巽四宮來剋求測人年命，巽四宮取數字爲四，六壬課上有兄弟爻亥水臨身，已亥常加四，亥水也可取四的數，二種卦象，都呈現出與四相關的資訊來。四的信息與時柱有關，時柱管小事，所以是小破財，這些資訊提供給你做參考。」

邱先生聽了之後，連謝謝都沒說，就悻悻然的離開了。三個星期之後的一個週六中午，我剛結束土地公的問測服務，牽著我的腳踏車，正準備要回家。這時，邱先生從廟旁現身攔住了我。帶著笑容客氣的打招呼：「劉老師好，能不能耽誤老師幾分鐘。」我以爲他要問測，於是說：「服務的時間已過，麻煩下禮拜請早。」不料邱先生說：「不是，這次來不是問測，是有件事要和劉老師私下商量商量，問測時人來人往的，不太方便討論。」由於時值正午時分，太陽很大，於是兩人就走到旁邊比較陰涼的地方接著談。

「上次的事又被你說中了，沒有拿到獎金。」他稍微停頓了一下，接著說：

「還有四的事也給你說中了，我有一隻賽鴿被擄鴿勒贖的捉到，打電話向我要六千元，後來四千塊成交。他媽的，可能不爽我討價還價吧？拿到贖金之後，竟然把我賽鴿的腳趾剪斷了一隻才放回來，幹！」我說：「噢，原來四指的是贖金四千元。」

他笑著問：「劉老師，請問你這卦能出數字是嗎？」我回答：「大六壬和奇門局，是能夠出數字沒錯，重點是你要有解讀能力。解讀能力強，就算是六爻卦，都能推斷出數字來。你問這個的意思是？」

「是這樣啦，我想跟劉老師合作，你只要負責從卦象裡解出數字來，資金全部都由我出，贏了之後三七分帳，怎麼樣？」

「什麼意思？我不太懂，能不能請你說得清楚點？」

「說白一點就是我們合作來簽牌，資金我出，你不用出一毛錢，輸了算我的，只要有贏，你可以分三成獎金。」

我帶著笑容，語氣很客氣的回覆：「謝謝你的提議，邱先生，但這個方案我沒有興趣，不好意思了。」他以為我對條件不滿意，馬上就說：「成數可以再商量啦，這樣好嗎，五五分帳，這已經是極限了，這條件很不錯，況且一毛錢都不用出，你穩賺不賠呢。」

我心裡想著「命理風水是助人的學問，可不是讓人用來賭博的。」於是說：「你誤會了，我不是對條件不滿意，而是眞的對這個合作案沒有興趣，很抱歉，家人還等著我回家吃飯呢。」我沒等他繼續往下說，客氣的說了聲再見，騎上我的鐵馬，揚長而去。

親愛的小孩

「不公平，小姐姐多分了一個起司棒。」弟弟大聲說。

「哪有，那是因爲你前天貪心吃了我的份，害我少吃一個巧克力，媽媽才多分我一個，你還敢說。」小姐姐說。

「對啊。」媽媽說。

「可是起司棒那麼大根，巧克力那麼小個，根本就不公平。」

「那你下次不要吃別人的份啊。」小姐姐說。

「不公平，不公平。」弟弟大叫。

不多久，我在小書房，聽到孩子們在大書房的爭吵聲，以及後來太太的喝斥聲。隨著孩子多了，類似這種「分配不公的抗議戲碼」經常上演。十點半，終於一起搞定小孩上床就寢。

夫妻倆回到小書房，我挑了太太最愛的艾雷島威士忌——樂加維林十六年，並拿出二只凱恩杯，替二人各倒了點威士忌。我舉起酒杯，搖了搖這琥珀色的酒體。霎時間，艾雷島威士忌特有的煙燻泥煤味，在房間中輕輕散了開來。靠近杯口嗅聞，海風鹹味、碘味，以及新鮮青草、奶油太妃糖等氣味，一齊鑽進鼻腔，迴盪開來。接著，啜飲一小口，酒體優雅細緻，尾韻悠長。

「竟然敢說我不公平。以前那二個女孩比較乖，都沒有這些問題。弟弟比較皮，又愛耍賴，特別難教。」太太喝一小口酒之後說。

「男孩子總是比較調皮、難帶，長大一點，比較懂事點，也就好了。」我說。

「不過，每個小孩出生沒幾天，你就透過八字命盤，分析了他們日後的性格特徵，現在都逐一應驗了。」

「確實，只要好好分析八字，就能知道每個人的性格。」

「你看孩子的命盤，一定看出了很多信息，有些東西知道多了，尤其是看到不好的部分，總是會比我們更加擔心，這樣一來，比較會有心裡壓力吧？」

「還好啦。但也沒辦法，知道得多，就會想得比較多，這是避免不了的。」

「所以，從八字命盤中，你應該也能知道，將來哪個孩子會比較有出息？哪個孩子會對我們比較好吧？」

「要知道這些問題，還必須結合父母的八字命盤，這樣就可以把答案鎖定的比較清晰。」

「噢，原來是這樣啊。所以還是有辦法知道，對吧？」

「妳想知道答案？」

「等等，我再想想看，知道與不知道會產生什麼利弊，你先讓我仔細想想。」

趁此時間，我用滴管吸水，滴了五、六滴水在各自的杯子裡，再拿起酒杯搖搖。一時之間，威士忌像是被解開了封印似的，將某些比較隱微的氣味展現了出來。看著妻子猶疑不決的樣子，我打算先說三個與教養孩子有關的事，讓她參考。

第一個是有關於我在土地公廟，義務爲人測卦時，遇到的一位老太太。

老太太的兒子扶她坐下後，輕聲地交待了母親幾句話後，便到前面去拜土地公了。老太太問了有關他老公的健康問題後，又請教另一件事。

「老師，我想請教有關我大兒子的事。」

「可以，請問他哪一年出生，生肖屬什麼？」

「我這個兒子可厲害了，從小品學兼優，台大醫科畢業，還拿到公費出國留學，讀到博士。現在齁，在美國加州的一間大醫院當主任。」老太太眉飛色舞，邊說話還邊比手勢。

「所以妳大兒子現在還在美國？」

「是啊。我兒子娶了個美國人，也是醫生呢，生了一兒一女。我想替他問問身體健康，還有哪些災厄需要特別注意的。」

「可是，這沒辦法問測呢。我這大六壬是依時空起卦，妳兒子身在美國，時間空間與我們這裡不同，卦裡沒有他的信息，所以無法測算。」

「眞可惜，我快十年沒看到兒子了，就想幫他問問看，有沒有什麼要小心的？」

「十年？過年過節也都沒回來過？」

「他很忙，沒有空回來。上一次見面，是我的小兒子，帶著我們兩夫妻，專誠飛到美國，去看剛出生不久的長孫，飛機要坐十多個小時誒。」

「不好意思，沒辦法幫上忙。」

「沒關係，還是謝謝老師。」

這時剛好小兒子來到身邊，老太太用客家話跟他解釋，無法測算的事，語氣之中難掩失望。只聽到他安慰母親，大哥一切安好，無需掛心之類的。看他的裝扮，明顯是個勞力階層的人，嘴上還有剛吃完檳榔的痕跡。只見他小心地牽著母親到旁邊休息，過了一會兒，才收拾桌上的供品，牽著母親離開。經過我身邊時，還特別向我點頭致意。

說完之後，我趁這個的空檔，邀太太一起舉起酒杯，喝了一口威士忌。

「我懂了，有時孩子飛得越高，反而離我們越遠。你的意思是，哪個孩子比較有出息，和哪個孩子對我們比較好，這是不同的二件事。而且，哪個孩子對我們比較好，恐怕要比哪個孩子有出息來得重要，是嗎？」

「誒，先別急，我再跟妳說第二個故事。是我們鄰居陳先生家的故事。」

鄰居陳先生有三個女兒，老大、老二從小與一般人一樣，讀的是公立學校，唯獨小女兒，天資與成績，也沒有特別優秀。然而自國中起，讀的卻是學費昂貴的私立學校，而且從國中就開始補習，還特別請了英文家教，一對一教學；到了高中之後，更不惜花費重金，將她送到臺北的私立中學就讀。看在我們鄰居的眼裡，都覺得十分納悶。

最後，三個女兒當中，雖然還是以這個小女兒，成績相對比較好。但就在大學聯考放榜之後的某天晚上，孩子的父母聯袂登門拜訪，小孩的母親，從一個黃皮公文袋中，拿出了一份紅色的文件，我一看，是這個小女兒的八字命書。

「大約二十年前，小孩剛出生時，給街上的一位林姓算命師，算過小孩的八字。他信誓旦旦說，這個小孩將來是當醫生的命。可是，這和結果差距太大，所以，想來請教劉老師，了解原因。」陳太太說。

「是啊，我兩夫妻不惜成本，對老三可以說是用心栽培，目的無非是想讓家中眞的能夠出個醫生，但不料卻是這樣的結果。且事隔多年，算命師早已過世，他又沒有傳人，我們百思不解，希望劉老師能為我們解開困惑。」陳先生說。

原來如此，無怪乎這個小孩，從小就受到這樣的特別安排。我仔細審閱小孩的八字命書，想辦法找出蛛絲馬跡來。

「八字命書上，特別在日柱的下方，標註了天醫星，我想，這就是那個老算命師，推斷小孩有醫生命的依據。」

「所以說，我女兒確實有醫生命，我們應該繼續堅持下去，選擇讓她重考？」陳太太說。

「不是。首先，不能僅憑天醫星一個神煞，就斷定小孩一定有醫生命，其次，這個小孩帶的神煞是地醫星，而非天醫星。老算命師查找神煞，恐怕是犯了錯誤。」

我把萬年曆查找神煞的篇章，翻給二人看，證明小孩帶的是地醫星。了解之後，夫妻倆對看了一眼，點了點頭。

「小孩今年考得怎麼樣？」我問。

「我女兒最後考上某某私立大學的護理系。」陳太太說。

「這就對了，所謂的天醫，是像醫生這類，層級較高的醫療人員，而所謂的地醫，就是像護理師這類，層級相對較低的醫療人員了。因此，小孩考上護理系，將來當個護理師，倒是完全符合地醫星這個神煞。」

「所以說，我女兒沒有醫生命，是老算命師算錯了？」陳先生問。

「誒，可以這麼說。」

「所以我女兒不用重考，或者說重考也沒有用，當護理師就是她該走的路，是不是？」陳太太問。

「就好好讀書，將來當個護理師吧。」

「這樣我們了解了，今天非常感謝劉老師的幫忙，讓我們的疑惑得到解答。」

陳先生的故事講完，我小啜了一口威士忌，太太沉思了一會兒。

「我懂了，你的意思是比馬龍效應，陳家這個小女兒，在被賦予更高的期望以後，確實也比本來的表現更好。所以，你要提醒我，不用管將來哪個孩子比較有出息，或是哪個孩子會對我們比較好？只要我們都把他們當成好的來對待並期待，我們就能得到好的結果，是不是這個意思？」

「嗯，不完全是。等我說完老相士的故事，妳再決定吧。」

「印象中，幾年前你讀博士班時，有跟我提過這樣一個人，你要說的，就是那個老相士？」

我點點頭，喝了一口威士忌。

踏上算命師之路的過程中，有不少事件對我影響很大。家裡附近的一位老算命師，就是其中之一。他的人生故事，讓我感觸良多，也讓我在這條爲人算命解惑的路上，多所反省。

我一向對於命理玄學之類的學問，非常感興趣。就在我讀博士班期間，有一天晚上，對面的鄰居吳先生，來到家裡喝茶閒聊。他家在鎮上是開中葯房的，平日在店裡，總是聚集了一些人在下棋、聊天，十分熱鬧。而在這些人當中，就有一位年約六十多歲的老算命師，專長爲人看相。

「他很厲害的。我觀察他好多年了，在命理方面，有眞功夫，而且鐵口直斷，絕不含混。」吳先生說。
「眞的有那麼厲害？」
「有一次，一個三十多左右的青年人，帶著父親的像片，直接到中葯房找相士，原因是他的父親，日前心臟病發，經過搶救後，送進了加護病房，尚未脫離險境，他想問老相士，父親此次能否順利渡過這個難關。」吳先生說。
「然後呢？」
「那個老相士端詳照片好一陣子，最後又仔細看了看這個青年人。然後說『這個老人這次肯定死不了，反倒是你，年輕人，你恐怕會比你父親早走。』男子在付了預測費之後，悻悻然地離開了中葯房。」吳先生說。
「說話這麼直接？況且青年人也沒問他自己啊，他爲何要這樣說？」
「不管這個，說不定他是好意想提醒青年人要小心。重點是，事隔不久，老人確實渡過難關出院了。更可怕的是，就在求測之後不到二個月，這名青年，在週末聚會的返家途中，遭一名二十出頭的年輕駕駛，酒駕開車撞死。酒駕撞死人這件事還上了新聞呢。」
「眞的這麼厲害？」
「不只這樣，還有好幾件類似的事呢，……。還有，那些在下棋聊天的人，說的一些有關他算命的故事，就更神了，是眞是假，我倒是無法考證。但依我這幾年親眼所見，他眞的很厲害，道行很高。你對命理這麼有興趣，不如乾脆拜他爲師好了？」

「既然這樣，那就拜託你，替我去問他肯不肯收徒弟？如果肯收徒弟，有什麼樣的條件？除此之外，你再幫我向其他人多多打聽，一切有關於這個算命師的事情。」

隔了二個多星期，鄰居又再度上門。

「我跟他說你是小學老師，現在正在讀博士班，研究的是『易經』，還美言了幾句，他聽了之後，很是滿意。他說以前也收過幾個徒弟，但學歷都不高，有的都已經開業了。他說了，學習相術，有他指導，快則一年半載，慢則三年未成，純粹要看個人的悟性。但他說你學歷高，又有底子，悟性應該不會太差。」

「謝謝你，事成之後，一定包個大紅包，感謝你牽線。他收徒弟有什麼條件呢？」

「三八，紅包就不用啦，大家老鄰居了。他所開的條件是，拜師禮要十二萬六，然後每個月要給他五千元零用錢，時間就跟他以前拜師一樣，爲期三年四個月。我有算過，前後加起來大概也就是三十二萬六。」

「這個條件老實說不算嚴苛，我也還負擔得起。其它麻煩你打聽的事怎麼樣？」

「聽說他自己一個人住，在頭份交流道附近。」

「難道他沒有結婚嗎？是喪偶還是已經離婚，才會自己一個人住？具體情形怎麼樣？」

「聽那些下棋的人說，他是有妻兒家室的，他家就位於鄰近的鄉鎮。」

「所以他在頭份住，是因爲算命的工作，這沒有道理啊？」

「他曾經跟人說起，他在還沒學算命之前就結婚生子了。學會了看相之後，他早早看出妻子無法旺夫益子，而一對兒子將來都是沒路用的咖肖，不僅如此，這對兒子心性不佳，對父母也不好，一句話，養兒根本無法防老。所以他很早就看破，離開家庭，獨自一人在外居住，逍遙自在，很少跟家人聯絡。」

「原來是這樣啊。」

「聽那些人說，曾在住家附近看過他，身邊有女人跟著。據說是跟人同居，但好像沒多久就分手了。女人來來去去，都沒能維持長久的關係。」吳先生說。

我聽完以後，告訴吳先生，最近由於正在撰寫博士論文，課業繁忙，實在抽不出空來學習命理。請他將拜師這件事暫時擱下，一切等我完成學業再說吧。

表面上這麼說，事實上，是因爲我心中有疑慮。這個老相士在算命看相方面，無疑非常厲害，但是這麼厲害的技藝，卻沒能讓他的人生過得好。老實說，我當時參不透這箇中的道理。

又過了一年多，就在博士學位拿到之後的某天。我正要出門時，剛好碰到吳先生也正好要騎車外出，兩人打了招呼，閒聊了幾句。他又提到了那位老相士。

「聽說你博士讀畢業了，是嗎？」

「畢業了。」

「還記得我跟你提過的那個算命師嗎？」

「我最近比較忙，等過一陣子有空，再來想想拜師學藝的事。」

「來不及了。」

「什麼意思？他搬走了？」

「那個算命師，前不久已經死了。」

「怎麼回事？發生什麼意外嗎？」

「前不久在家中上吊，被人發現時，已經死亡多時了。」

「唉呀，怎麼會這樣呢？」

「要是你那時候有拜他爲師，他有個徒弟教，生活上有個寄託，搞不好就不會走上絕路了。」吳先生說。

我說完老算命師的故事，自顧自的舉起酒杯，輕啜了一口威士忌。

「眞沒想到，那個老相士最後會是這樣的結局。」太太說。

「是啊，眞的很令人感慨。」我說。

我舉起酒杯邀她共飲，專屬艾雷島，獨特的煙燻泥煤味，在口腔中迸了開來，久久不散。兩人沉默不語了好一會兒。

「我在想，如果知道大姐姐將來沒成就，她想學畫畫或是補英文，我們是否就會覺得幹嘛浪費這個錢，最後不讓她去學？又或者知道老二會對我們比較好，所以就會把大部分資源都分配給她呢？」

我搖晃手中的凱恩杯，靠近鼻子嗅聞，靜靜享受它獨有的香氣，沒有說話。

「這樣一來，會不會就眞的不公平了？而且在成長的過程中，小孩一定能感覺到父母的不公平對待吧？」

我舉杯呡了一口威士忌，依然沒有搭腔。

「我如果知道答案，像今天晚上這種爭執場面，會處理的更好嗎？我想應該會處理的更糟糕吧？我看還是維持這樣就好，該做什麼就去做，不要有分別心比較好。算了，我決定了，你不用告訴我，我不想知道答案了。」

我笑了笑，舉起杯邀她把酒喝完。

「既然這樣，已經快十二點了，趕快去睡吧，妳明天還要上班呢。」

「噢，對了，關於老相士的事，你想要說的是什麼？」

「沒事，就純粹想告訴你這個故事而已。」我笑著說。

說話間，二人把最後一口威士忌喝完。

第四章

意料之外

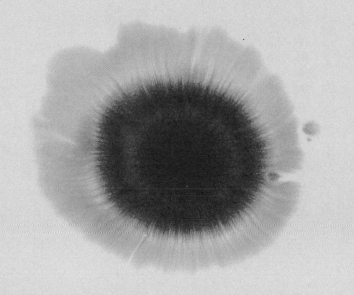

道岔

回顧人生會發現，某些人，某些事，你在當時覺得很重要，並認為他會對你產生巨大的影響，但事後看來，並不如預期。但有些事，有些人，卻在人生交會的片刻，無聲無息的，改變了你命運的軌跡。這故事得先從我考博士班開始說起。

那時博士班考試，競爭蠻激烈的。不像現在，由於拿到博士學位後，已無法覓得教職，想讀的人很少。博士班分成筆試與口試二部分，一般都是先考完筆試，再考口試。當天是文化大學哲學博士班的口試，現場一共有黃所長，Y教授，以及J教授三人，對考生進行口試。過程中，三位教授對我碩士論文的質量，表示肯定，尤其是對碩論的第二章，探討相對論與量子論的部分，表達了讚許之意。讓我覺得，這場口試的分數理應不錯，考上的機會又大了些。

考完口試，正準備走出考場，這時聽到J教授說：「休息幾分鐘，我先出去抽個菸。」一出了考場，找到來陪我考試的弟弟，說不到幾句話，J教授竟抽著菸走了過來，示意要與我說幾句話。就在二人說話之間，J教授伸出右手搭在我的右肩上說：「你前面那個姓陳的，是你中央的同學吧？他水平實在是不行。」我聽完只是微笑，不敢回應。（我同學的指導教授就是Y教授，後來才知道，原來Y教授與J教授，彼此都不滿對方，二人可說是死對頭。）

「我看你的資質很不錯。這樣吧，下午我要批改中國哲學史的考卷，你現在寫幾個字給我，我先看一看。」我聽他這麼說，立刻拿出一張紙，寫了二十多個字交給他。他看了以後說：「字很漂亮，也很容易辨認，下午我會『特別留意』。」聽到他這麼說，我連忙再三致謝。他走後我才發現，其他考生都對我側目，眼神中充滿懷疑，竟然和主考官勾肩搭背，這小子不知道是什麼來頭？天曉得我和J教授初次見面，兩人根本就不認識。

我老弟說：「竟然有人主動幫忙，這下子肯定是穩上了。」我心裡也是這麼想，這次竟讓我遇到貴人了。萬萬沒想到，成績揭曉，我中國哲史學竟只拿了七十六分，被他批評水平不佳的姓陳的同學，竟然還八十四分。我思來想去，只想到一種可能性，那就是我中國哲學史的答案，完全是新儒家的觀點，Y教授就是新儒家的傳人，而J教授最討厭新儒家。以爲遇上了生命中的貴人，結果與預期相去雲泥。

回顧人生路，我踏上碩博士的求學路，還要從退伍那時開始說起。

退伍之後，要從花蓮請調回家鄉苗栗教書，老實說，塡志願表時，心中也沒什麼概念，只想到儘量離家裡近點，在交通上可以節省時間。以這個條件來篩選，距離比較近的三所小學，分別是市中心的頭份國小，往竹南方向的六合國小，以及往水庫方向的新興國小。頭份和六合都是智類的大型學校，而六合附近比較多工廠，空氣應該比較差。而新興是十二班的仁類學校，而且往永和山水庫方向，空氣要好點。所以最後就將新興國小塡爲第一志願，頭份和六合分別爲第二、第三志願。

沒想到，第一志願就上了，於是調回了離家車程五分鐘的新興國小，那年不知怎麼的，新興國小開出了好多個缺，一個連主任在內，不到二十位老師的學校，竟然開出了六個缺。

老實說，大學畢業之前，我也曾想過要讀研究所。但因爲是師範學院的公費生，必須要在小學服務四年，讀的是初等教育系，當時選的專長是體育組，在我的認知裡，要考研究所，只能選師範學院，與教育相關的研究所，或是報考師大體育系。教育相關科系，我的興趣不高，興趣比較高的師大體育系，如果完全沒上過他們教授的課，要考上很難。因爲聽說很多考題，都從上課的內容中出題。在畢業前，我也透過各種管道，想辦法收集師大體育系的相關資料，包括一些筆記，以及考試用書在內。

退伍回來，重新拾起書本，那些運動力學、運動生理學、運動統計學等等內容，實在讓我感到興趣缺缺。於是，就把考研究所的事給擱下了。一開始，由於剛當完兵，要重新適應教學工作，花了我不少心力，初來乍到加上我也不擅長交朋友，與同事之間並不熟。直到第一學期末的同事聚餐，我們新來的同事恰好分配到同一桌，才有比較多的交流。這一交流的結果，竟意外開啟了我人生的轉折。

陳老師剛好就坐在我身旁，經相聊得知，他是屏東人，屏東師專畢業後，被分發到台東關山鎮的電光國小，而我台北師院畢業後，被分發到花蓮玉里鎮的德武國小任教，二個學校都是原住民部落的小型學校，有類似的生活經歷，越說就越投機，聽說他正在讀研究所，所以聊著聊著，就聊到有關研究所的話題上來了。

「聽說你在讀研究所，是新竹師院嗎？」我邊說邊端起杯子，敬他一杯。他也舉起酒杯喝了一口，並說：「不是，我在清大讀研究所。」我有點驚訝，我當下認定他應該是讀教育相關科系，但如果要讀研究所，新竹師院不是比較容易考，要求應該也比較低，爲何要捨師院讀清大呢？於是進一步問：「所以，清大也有教育相關科系的研究所？」沒想到，他竟然回答：「不是，我對教育沒興趣，我讀的是清大歷史研究所。」

「誒，我們師範公費生，不是只能選擇教育相關的研究所，或是像我的專長是體育，還可以報考師大體育系嗎？」

「誰跟你說的？沒有這種限制，不然我怎麼能讀清大歷史研究所？」

「說得也是呢。」

「差別只在於讀師院，相對比較有利，尤其是給假上，或是學分費用補助上，可以申請。但只要事先報備，任何科系應該都可以讀。你只能利用自己的假，頂多因爲請假太多，會影響考核而已。教師要進修，校長一般來說都會同意。以我來說，前二年課業較繁重，我就申請了留職停薪。」

「考核我倒是不在乎，學分補助我也沒想過。但我們是公費生，這種中止教學服務的情形，不需要賠償公費嗎？」

「這部分，你只要回到台北師院，去繳交一筆保證金即可，金額就是當初我們領的公費，像我繳了十多萬。我已經修完課，剩下論文撰寫部分了，所以，今年復職後，就回學校領回我的保證金了。」

他的這番話，如同春雷般，打醒了我。我本來就喜歡文史哲，大學最想讀的是中文系，但由於家中經濟不好，像師範體系這類有公費的學校，就成了我的首選。而當時的分數，預計是上不了師大中文系的，但我記得，我在所有師範類的科系之外，第一志願塡的是台大中文系。那時心想，如果電腦跑志願卡出錯，就是上天註定要我走自己想走的路，學費的事，再想辦法打工支付吧。當然，天不從人願，最後電腦並沒有出錯，於是，我進了台北師院的初等教育系。如今，我竟然有機會一圓當時的夢，想著想著，不覺興奮起來。

讀台北師院，純粹是因爲家境不好。對那些教育理論，實在也不感興趣，也因爲這樣，大三時乾脆就選了體育組，自此，教室的課少了，幾乎一半的課，都是在體育場上度過的。但在那四年當中，我還是讀了不少我喜歡的書。得知讀研究所可以自由選擇科系，於是我回家把四年讀過的書，做了一番整理，發現哲學的書占了最大宗，約莫有六成，文學與史學各占二成。於是乎，就決定報考哲學研究所了。

收集完資料，接下來的日子，就是積極準備考試。因爲不是本科畢業，要加強倫理學、形上學、知識論、美學、邏輯學等等內容，於是，我給自己三年的時間，如果三年了還考不上，說明自己不是這塊料，這輩子就死了這條心吧！

每天四點多下班回家，都先洗個澡，然後上床睡覺，直到吃晚飯時間，吃完飯後便開始讀書，十二點半就寢。這樣的日子，過了五個月左右，由於信心不足，我報考了六間研究所。那段時間，南來北往，到處趕著去考試，沒想到，最後考上了四間研究所。也就是這樣，我意外的踏上了讀書的旅程。

就讀研究所時，我已二十八歲，想想也老大不小了，於是就在考上研究所的那年，結婚了。我到台北師院繳交了十七萬多的保證金，並向服務學校提出了留職停薪申請，太太也請調至新坡國小。新坡地處桃園觀音區，距離中央大學約莫二十分鐘車程。於是，二人就搬到新坡住了。平日有課時，我就開著我的福特佳年華到學校上課。

研究所的所長L是個香港人，說話帶著濃濃的港腔，待人十分和氣。研一的下學期，所長L約見我和另一位同學。閒聊幾句，關心一下學習情況，還問我倆平時到校的交通方式後，所長L說：「所上需要同學協助辦理國際學術研討會，你們兩個成績不錯，而且都已經當完兵了，我們需要二個同學，最好是男生，因爲有時會忙得比較晚，女生比較不方便，有交通工具更佳。這些條件你們無一不具備，依我看，你倆就過來幫幫系上，處理一些研討會的相關事宜吧？」

乍聽所長的要求，我們並沒有即刻答應。因爲我聽學長說，協助辦理國際學術研討會，事務非常多，有時做不完，幾個人索性就帶個睡袋，睡在辦公室了。

看我們有所猶豫，所長接著說：「最近，所上正提出申請，要成立博士班，如果能幫忙系上辦研討會，到時如果博士班成立，你們要繼續讀博士，相信系上老師，也能助你們一臂之力，大家互相幫忙。」

關於要申請成立博士班的事，我們都有所耳聞。既然所長的話都說得這麼白了，身旁的同學立刻就說：「既然所長都這麼說了，我一定全力以赴。」我不好意直接拒絕他，只好推說要回家和太太商量商量。三天之後，所長再度約談。

「怎麼樣，決定好了，可以過來幫忙吧？」所長微笑著說。

「不好意思，所長，我才新婚不久，平時課業已經占據太多時間，可能無法再抽出時間來，協助處理學術會議的事。」我帶著滿臉的笑容，很客氣的說。

「這麼好的機會，別人可是求之不得呢，你不再考慮考慮？」他的語氣不像剛才那麼溫和了。可能是沒想到會被拒絕吧？「實在是因爲條件不允許，只好將這難得的機會，讓給別人了。」一聽到我這麼說，他的臉立刻僵住了。自此之後，每當碰面，我跟他打招呼，他都視而不見，幾次之後，也就習慣了。隔年，博士班果然成立了。而整個研究所期間，我都避開所長的課，儘量減少接觸的機會。沒想到，最後還是沒能躲過。這都是因爲博士班的考試。

有一天，所上助教召集班上的研究生開會，宣達一些畢業的相關規定。會後，幾個同學閒聊，彼此詢問撰寫論文的進度，以及要不要報考博士班的事。超過一半的同學不考博士班。由於我在讀研究所期間，足足留職停薪了三年。一來，想回去工作賺錢，二來撰寫論文，到了後期，實在讓我感到心力交瘁。所以，考博士班的事，就比較隨緣了。我心裡想，考得上就繼續讀，如果畢業這年沒考上，今後大概也沒那個動力了，就回小學教書到退休吧。

閒聊間，蔡姓同學說：「我有買文化的簡章，但應該不會去考。」聽他這麼說，同學都沒反應。於是我說：「如果你沒有要考，把簡章給我吧。」他聽了之後說：「哎呦，每個學校都設法保護自己的學生，要考進去太難，外校生多半是去陪考的。」我明白他是好意，各校確實都會想辦法保護自己的學生，比如說把自己學生的口試的分數拉高，或是出一些特定的上課內容作爲考題等等。但反正不花錢，況且他也不要了。我說：「沒關係，既然你決定不考，就把簡章給我，我考慮考慮。」

由於讀完碩士後，想回到小學教書，所以，我心裡想，我只能報考在職生。拿到簡章發現，文化哲學博士班也有一個在職生的名額，最後，在中央之外，又加報考了文化的博士班。沒想到，這事情並不是那麼順利。

報考文化博士班時，碩士論文的撰寫已到最後關頭，於是簽好委託書，拜託弟弟幫忙跑一趟。他是文化大學畢業的，熟門熟路，一定沒問題。沒想到，在報名當天，他緊急給我打電話說：「在職生有規定，必須是拿到碩士學位後，在職場工作滿二年的人，才有報考資格。這下該怎麼辦？」這實在與我的理解不一樣，我以爲有工作的人，只能報考在職生，如果當初知道我不符合在職生的條件，應該就不會來報名了。於是我說：「不符合報名資料就算了，那你就回來吧。」弟弟在電話那頭說：「不是誒，他們說你不符合在職生的條件，但是可以報考一般生，只是一般生的競爭比較激烈而已，你要不要報？」幾經思考，我完成了一般生的報考手續。

至於中央大學呢？與所長L處得不好，爲何我還敢去考呢？原來，中央的博士班，也有一個在職生的名額。系上的助教學長，也是香港人，他是所長帶進來的人。大家心知肚明，這個在職生的名額，一定會保留給系上的助教學長，而考上在職生後，他也能繼續擔任助教，襄助系上事務。但事有湊巧，在報考前，助教學長的母親生了重病，他必須先請假回香港去照顧母親，於是就趕不上今年的考試了。

眞是天賜良機啊！一來，說不定只有我一個人報考在職生，二來，我的指導教授是學務長，所長L見了他都客客氣氣的，只要他在，相信所長會給他面子，而所上包含所長L在內，一共只有四名正教授，其中一位是馮滬祥老師，他擔任立法委員，非常忙碌，面試時，他應該是不會出現。打著這樣的如意算盤，我報考了中央的博士班，畢竟是自己的學校，我覺得考上中央的機會，應該比較高。

口試當天，一開門，發現馮滬祥老師在場，而我的指導教授沒來，我霎時感到希望破滅。所長L一改平日的和顏悅色，整場的口試都板著臉，提出很尖銳的題目，處處給我難堪。老實說，他沒必要這樣，只要行禮如儀，保持風度，最後把我刷掉便是。因爲這場口試，讓我從此對「教授」的印象大打折扣。

瞭解八字命理之後，重新回頭檢視自己的人生才發現，我之所以走上碩博士的讀書之路，是因爲二十多歲的那步大運，是一步帶正印的文昌運，文昌運能激發人讀書上進，而考博士班時，恰好換了一步偏印大運。既然正印是國立大學，差一點的偏印，自然就是私立的學校了，所以說，文化哲學博士班就是那步偏印大運，該落腳之處。早知如此，則中央大學的博士班，連報名都可以免了。

報考文化大學時，雖然中國哲史學部分，J教授出乎意外的只給了七十六分，但我還是以優異的成績考進了博士班。因爲事後，還拿到了爲數可觀的「華岡獎學金」。這多出來的獎金，後來拿去買了一尾夢幻逸品級的龍魚，沒想到，這龍魚又開啟了另一段人生故事。

老實說，考博士班的結果，可說是「有心栽花花不發」（中央），「無心插柳柳成蔭」（文化）。火車在軌道上沿著直線行駛時，要改變路徑，必須依賴「道岔」這種設備，才能將火車從一個軌道，轉入另一個軌道。如果沒遇到陳姓同事，我可能不會讀碩士班，假設沒有蔡同學不要的簡章，我應該還是會回到小學繼續教書，直到退休。他們二位，不經意撥動了命運的「道岔」，讓我的人生脫離了原來的軌道，展開了一場迥然不同的驚異旅程。

剖腹

那天，一打開臉書，閃電符號上顯示有朋友聯繫我，於是點開看看「好久沒見面了，最近有空嗎？找一天聚聚吧？」於是，就相約週末中餐時間，新竹火車站出口處見。

朋友姓曾，哲學博士，現今在中部一所大學教書。時間是二〇一四年，我離開大校教職，成爲一名算命師的第一年。我們半年多未見，而他對於我轉職的心路歷程，瞭若指掌。

由於兩人平常都喝威士忌比較多，今天想換換口味，改喝日本清酒。於是，二人決定步行前往民族路上的一間日式料理店，點了餐，以及二杯近來非常熱門的「獺祭三割九分以及『水神』純米酒來搭餐」。吃飯歸吃飯，總要喝點酒。因爲，在酒精的催化下，能夠讓人更加舒緩，助長談天的興緻，所以，每當與好朋友相聚，定會喝酒助興。而且都說好了不開車，搭乘大眾運輸工具，可以在交通上沒有顧忌。

兩人彼此問了近況，他關心起我的算命生意來，聊了幾句之後問：「你平常生意大部分以算命爲主，擇日也屬於算命師的服務範圍吧？」我回答：「是，擇吉也屬於命理服務的範疇，還要出門看風水。」

「您好，爲您上菜。」這時，服務員先上了前菜，以及二杯冰涼的獺祭。等服務生離開，我倆舉起酒杯碰了一下，說了聲「かんぱい（乾杯）」。他接著問：「擇日一般都是看哪些內容。」我說：「絕大部分都是在看婚宴吉日。」說話間，我挾起一塊味噌醃黃瓜入口。「所謂的『剖腹擇日』，顧名思義就是選個吉利的好日子、好時辰來剖腹。這樣子小孩子的命運就會比較順利，對吧？」他挾了醃紫蘇海帶芽送進嘴裡。

「不是這樣的，擇日上所謂吉日良辰出生的小孩，命運並不一定比較好。關鍵要看這個時間點所排出來的八字命盤。」他舉起酒杯示意：「這我就不太懂了，你能不能說得更仔細一點？」接著我也舉起酒杯，二人一起喝了口酒。

「剖腹擇日，其實是透過八字學理預先推算命運，以便設計出一個比較優良、甚至完美的八字，靠此方法規劃人生命運。因此，專業而正確的說法叫做『造八字』，或是現在坊間流行的說法稱之爲『優生造命』。有聽過這個說法嗎？」

「是有聽過『優生造命』這個詞。所以，關鍵是要看這個時間點，所排出的八字命盤是好是壞。」我回答：「沒錯。所以說，『造八字』眞的是一個浩大而繁瑣的過程，非常耗費心神的。」他進一步問：「怎麼說？」

「一般而言，造八字必須先知道產婦的預產期，而考慮到胎兒的健康，既不可太早，也不能太晚。」我替他倒了杯「水神」，他也幫我的酒杯添滿。我舉杯喝了一口接著說：「所以，一般是與家長先取得共識，將日子先鎖定在預產期之前的十天內，在這個範圍之內去造八字。」

「我懂，因爲如果太早，怕影響胎兒健康，太晚，又怕提前出生。」他邊說邊把一塊茄子送入口中後，二人爲彼此倒酒。我接著說：「一般而言，就是儘量在這約莫十天的時間中，選取一個相對比較好的八字，讓小孩子出世。」

「哇，一天有十二個時辰，就理論言，會有十二個八字，十天就一共有一百二十個八字命盤。」

「是啊，每一個時間都必須排出一個八字，並對八字的格局、旺衰、喜忌、用神進行分析，除此之外，還必須分析大運的作用，說得簡單點，這樣的工作，其實與八字論命的流程，沒有二樣。」

說話間，我舉起筷子示意他吃點東西再聊。他接著問：「聽你這麼說，這確實是非常耗費心神的工作。可是，這是經過人工設計的命盤，根本不是他原本該出生的時間，他的人生還會照著設計走嗎？會不會這就好比一個人去整型，整得符合有錢人的面相，但他還是無法擺脫經濟水平低下的命運，因爲，那是透過人工的方式，假造出來的？」

「如果眞像你說的這樣，那麼算命時，算命師一定要先問，你是自然產還是剖腹產的？如果是剖腹生產的，則算命師會說，很抱歉，這是人造的八字，我無法算得準。」

「有道理，好像沒有算命師會這麼做。我也沒聽說過剖腹生產的人無法算命。」

「我在土地公義務替人算命的時候，就碰過幾個人主動告訴我，他是剖腹生產的，推算起來，跟一般自然產的，沒什麼不同。不說遠的，我弟弟就是剖腹產的，算八字一樣準。」

「這樣說來，剖腹的八字一樣能算得準運勢囉？」我點點頭，「當然可以。你一直問這個問題幹嘛？」記得他曾跟我提起過，他的太太幾年前曾動過子宮方面的手術，醫生說這輩子不會有小孩了，於是，他們也就放棄了生小孩的念頭了。

「我老婆意外懷孕了，連她的醫生都覺得不可思議呢。」

「恭喜，恭喜。難怪你今天一直在問這個問題。」

「既然，剖腹擇日眞的能預先規劃命運，那我想找個好日子剖腹，你幫幫忙，找一個好日子，讓孩子日後品德好，孝順父母，會念書，有成就，身體健康，婚姻美滿。這樣行不行？」

「最好男的能長得像金城武一樣帥，女的長得像林志玲一樣美，這樣好不好？」我趁機乾了一杯酒。

「連長相也能一起算起去？可以這樣就更完美了。」

「您好，爲您上菜。」服務生送上了天婦羅與炸蝦。我想，他顯然沒聽懂我的玩笑話，才會這般認眞了起來，「事情沒你想的那麼簡單。」我說。

「就是不瞭解，所以要請教專家，你快給我詳細說說。」他舉杯示意，兩人同時喝了口酒。

「剖腹擇日只能在有限的時間裡，推算一個相對比較好的時間點，讓小孩子出生。這你能理解吧？」

「是，因爲考慮小孩的成長，不能太早也不能太晚，沒有絕對的好，只有相對的好，這些我能理解，然後呢？」

「實際情況往往是，沒有完美的時間點，可以讓孩子方方面面都美好。在這個前提之下，你只能選擇捨棄某些優點。這就好比一艘船在某種特殊情況下，必須拋棄船上的物品時，你得選擇先丟棄哪些東西一樣。這牽涉到價值問題，你認爲什麼比較重要？就以你剛才所說的那些內容來說好了，你要先拋棄哪一樣？」

「先拋棄長相好了。」

「第二項呢，你打算捨棄什麼？」

「第二項應該考慮會念書和有成就其中一項，像我們這樣讀到博士，在大學教書，也算不上有成就吧？但生活還過得去吧？不一定非得當大老板，有成就，所以應該會先捨棄有成就這項。」

「那如果要拋棄第三項，第四項，甚至第五項呢？你會怎麼選擇？我得先瞭解你心目中的價值輕重問題，才好進行設計。」

只見他摸頭、托腮、雙手交叉胸前，「不急，你慢慢考慮。」我說完，自顧自的喝酒、吃菜。過了好一會兒，我替他斟酒，他見狀也替我倒酒，二人喝了一口酒後，他放下酒杯，繼續思考。我繼續吃菜喝酒，等待。又過了一會兒，他抓了抓頭，「這眞的很難取捨。」

「一般人都會跟你一樣，標準很高。你們不知道實務上有多難，尤其是在有限的時間內挑選，那更是難上加難。」他點點頭，索性不想了，「我想我完全了解你的意思了。那做爲算命師，你取捨的標準是什麼？能不能說給我聽聽？」

「以我來說，身體健康要排第一位。」

「健康重於一切，我想這應該沒有人會反對。」

「您好，爲您上菜。」於是，我們就先暫且打住，先享用食物和美酒。幾分鐘之後我接著說：「第二是婚姻與財富。」他進一步細問：「婚姻與財富細分之下，誰比較優先？」

「就男人而言，財代表了女人與財富，這二者在男人的八字中是同步的，所以，沒有誰優先的問題。以女人來說，我會選擇婚姻，有些女人自己的財不好，但老公的財可以供她使用，就彌補了這個缺點。」

「有道理。那接著是什麼，品德，工作，讀書。你學歷那麼高，總不會認爲讀書不重要吧？」

「在排序上，讀書確實沒那麼重要。第三項是少災厄。也就是要排除比如說重大車災這一類的災厄。」他聽了點點頭：「那接著是什麼，品德，工作，還是讀書？」

「如果還有機會，就考慮工作吧。讀書，靠自己多努力。品德，靠父母教育吧。」

「的確很有道理，那你別推辭，我小孩要麻煩你，儘量給我挑個好日子，我再包個大紅包給你。」

「老朋友說紅包就太見外了。既然你能理解，這個東西只能挑個相對好的時間，那這件事就包在我身上了。」

最後，他堅持這次由他買單。一個多月後，他告訴我他太太懷的是男孩。而在這期限之內，確實能挑選到一個好時辰。我告訴他，小孩眞有福氣，這可說是難得一見的好八字。但事後的發展，卻不是我所樂見的。

在預定剖腹的前二天，我接到了他的電話。他在電話那頭說：「我太太昨天晚上生了。」我聽了驚訝的問：「選的日子不是後天嗎？怎麼回事？」

「我和太太上星期六去大潤發。在轉角處被二個推著推車的小男孩，不小心給碰到了。」

「所以就提早生了？」

「沒有，可能是因爲緊張收縮的關係，她覺得肚子有點不舒服，我帶她去看醫生，醫生檢查後說應該沒事，只要多躺床多休息安胎就好。於是，我太太就請假在家休息。」

「那爲何又提前出生呢？」

「我太太休息了二天，心想沒事了，所以心情就放鬆了。昨天傍晚，肚子有點餓了，下樓找東西吃，可能是睡太多了吧？腦袋昏昏沉沉的，在樓梯上滑了一跤，屁股整個跌坐在階梯上，瘀青挫傷不說，還見紅了。到了醫院，醫生給了安胎針之後，讓她留院觀察。想不到，到了晚上九點多，孩子就出來了。」

「胎兒和媽媽都還好吧？」

「母子均安，孩子也健康，哭聲還挺大的。」

「恭喜恭喜。」

「只是我想，孩子早了三天出生，不是我們挑選的日子，他的八字會不會很糟糕啊？」

「不會啦。別想那麼多，母子均安最重要，恭喜你當爸爸了。」我這樣安慰他。

當天晚上，我排出了這個小孩的八字命盤，仔細推算後，心中一沉，幾乎各項分數都不及格，這確實不是個好八字。就不說別的，這八字的筋骨和上呼吸道很差，還不免有些災厄。

事後，我倆再次見面時，他不免又提起這個話題，我只能將健康和災厄方面的信息告訴他，請他特別小心留意。其它部分，倒是不敢多說。小孩四歲的時候，感冒咳嗽了一個星期不見好轉，他想起我的叮嚀，轉到台中大醫院就診。被判定爲肺炎，還好處置及時，結果住院一個多星期才康復。上小學前，又因爲騎腳踏車摔傷，導致右手小臂骨折。朋友對於我八字學的預測能力，大爲讚許，但我聽了，依然不敢說太多。

還有一個與剖腹擇日有關的事件，也令我印象非常深刻。地點發生在苗栗的竹南鎮，時間是2018年，一對委託我看風水的何姓夫妻。當看風水接近尾聲時，我將風水調理所需用到的化煞物交給何先生，此時，何先生吩咐太太去泡了一壺烏龍茶。

「如果事後還有不明白的地方，再跟我聯絡，茶，我就不喝了，待會兒還要去載小孩呢。」

「劉老師，我們心中一直有一個困惑，困擾我們好幾年了，這個問題需要專業的命理老師，才能解答。能不能耽誤你一點寶貴的時間，我們會依算命的費用，照算給你，不會白白浪費你的時間。這樣可以嗎？」何先生說。

「沒關係，有什麼問題你說，倒不是錢的問題，只要不會超過三十分鐘就好。」碰到這麼有誠意的客人，我一般不會拒絕。而且，聽他的語氣，似乎是很重要的難題。

「能不能請劉老師看看這個八字。」何先生從資料袋中愼重地拿出了一張紙，這是一張由電腦所排印出來的八字命盤，另一邊，何太太也坐了下來，拿了杯子，給三個人各倒了一杯烏龍茶，霎時，香氣四溢。何太太的表情有點凝重。

「你想要問的是什麼？這是男的還是女的？」我瞥了一下命盤，應該是個六歲小孩，或是六十六歲老人的命盤。

「女的，請問劉老師，這個八字好不好？」

「你有沒有空白的紙？我需要推算某些東西。」何太太立刻進了書房，找了三張空白的影印紙過來，交到我手上。我立刻依據這個八字的五行組成，判定旺衰與喜忌，最後定出了用神，進行分析。

「這個八字就是脾胃消化系統稍差，缺印星，學習動力較不足，其它部分普普通通。」

「是，你說得對，這些方面確實不太好。那請問劉老師，依你多年算命的經驗來看，如果用分數來看的話，這個八字大概值幾分？」

「依我來看，這個八字就是個普通格局的八字，硬要給分數的話，大約六十五分左右。」我剛說完，他們二人互看了一眼。

「不好意思，劉老師，請你再看看這個八字。」何先先從剛才的資料袋中，又取出了一張由電腦所排出來的八字命盤，遞到我面前。我一樣依據程序，進行分析。

「這個八字巳時出生，只比剛才那個早一個時辰而已，這個八字就差多了。」

「請問劉老師，如果用分數來看的話，大概幾分？」

「不及格，不到五十分。」

「眞的？這個八字比剛才那個還差？」

「雖然前面那個只是普通格局，但二者相比較，那肯定要贏過這個八字。」

「眞的？怎麼會這樣？老師你要不要再仔細看一遍？」

「二個相比較，顯而易見，後面那個八字，身體方面更差，命局無財，而且，感情婚姻也不順。」聽我這麼說，夫妻倆對看一眼，接著，何先生喝了一大口茶，何太太則長吁一口氣，說出了生產時的故事。

當初，因爲醫生建議要剖腹產，於是，兩夫妻就想找個命理師剖腹擇日。幾經挑選，找到了新北市板橋區一位相當有名的老師，付了重金，挑了個好日子。沒想到當天推進手術室，正要麻醉時，剛好有另一個產婦有大出血的緊急狀況，臨時被送來，醫生只好先去處理她。沒想到，這個產婦的問題有點複雜，醫生處理了好久，情況才穩定下來。於是回過頭來，再替她進行麻醉，剖腹。整個生產結束，剪斷嬰兒臍帶時，已經是另一個時辰了。所以，小孩子的出生證明上，登記的是十一點十分。

「自孩子出生以來，我們對於當天沒有依時剖腹這件事，一直耿耿於懷，想說會不會是挑了個壞時辰，影響了小孩一輩子。」何太太說。

「當初我們找老師剖腹擇日，花了八千塊誒。」何先生說。

「剖腹擇日很費神的，八千塊不算太貴。」我說。

「聽劉老師剛才的分析，原本挑選的時辰，反而是比較差的。爲什麼會這樣呢？」何先生說。

「至於說爲何如此，我就不得而知了。依我推論，如果對方也是用八字理論，那很有可能是把八字旺衰判錯，導致用神取錯。用神是八字論命的關鍵，倘若用神取錯，結果就是全盤皆錯。」

兩夫妻一再道謝，因爲我的分析，解除了他們這幾年來的不安。這件事歸根結柢，是那個小女孩的命沒那麼差，不該在那個時間點出生。而這件事，也讓我對朋友小孩提前出生，得不到那個八字的事件，比較釋懷了些。

最後，由於碰到了這件事情，更讓我對剖腹擇日的態度，產生了轉變。

台北的楊先生，二年前曾親臨博士命理算命，他在二〇二〇年八月透過電子郵件，給我寫了一封非常懇切的信，大意是說他的太太還有三個月就要生產了，由於胎位不正，醫生建議剖腹，他要麻煩我，爲他即將出生的小孩，進行剖腹擇日。於是，二人通上了電話。我向他說明剖腹擇日的相關問題。

「因爲要考量胎兒成長的因素，所以根據醫生的建議，可以選擇的時間大約有十天左右。在這十天當中，除了要扣掉醫生的門診時間外，而且，半夜裡，醫生是不想動刀的。」

「這點沒有問題，劉老師。醫生是我親戚的朋友，我告訴醫師，事後會包一個大紅包給他，所以，如果有需求，別說是門診時間，縱使是半夜三點半，醫生都會準時到醫院，爲我太太動刀接生。」楊先生在電話那頭說。

「那太好了，這樣一來，可以選擇的範圍更大了。」

「要麻煩劉老師了。我一定會包個大紅包答謝老師。」

「好的。對了，孩子是男的還是女的。」

「第一胎，是女兒。」

「沒問題，請給我幾天時間，處理好再聯絡你。」

「謝謝老師，一切拜託。」

因爲是老客戶，楊先生特別信任我，當天就把平常算命收費三倍的錢，匯進了我的戶頭，我也立刻著手剖腹擇日的推算。但是，事情進行的並不順利。

在那幾天的空暇時間中，我將那約莫十天的八字命盤，全部表列出來，反覆比對思考，但結果卻讓我非常的爲難。因爲，在這十天當中，所有的命盤，經我仔細檢視後發現，分數都不高。在這些八字當中，最高分的也只有及格邊緣而已。當然，我大可揀選相對高分的日子，就此交差了事。等到小女嬰長到了中年以後，感覺自己命運，還不如一般人時，我可能早已不在人世。

但我的心裡，還是充滿了不安，因爲這個八字命盤的選取，畢竟與我有關，況且，楊先生還特別信任我。幾經思考之後，我編了個理由，說我最近業務太多，而且家中也有一些事要處理，實在抽不出那麼多時間來，好好進行對比，跟他說聲抱歉，並將費用退還給楊先生，麻煩他儘快另請高明。

楊先生的事，實屬罕見，再加上朋友與何先生的事件，相交雜在一起，不由得也觸發了我的想法，命理之學確實玄奇，但有些事情或應適可而止。

凡事講求緣分。該懷孕多久時間？該何時出生？這並非屬於人的工作，而是上天的安排。或許是剖腹擇日這件事的緣分到頭了吧？自此之後，就讓「上帝的歸上帝，凱撒的凱撒」吧！於是乎，我也就隨順著這個機緣，結束掉剖腹擇日這項命理服務了。

籤運

「明天就要抽籤了，祝各位有個好夢，解散。」值星班長晚點名後說。

一九八四年的夏天，我在台南隆田接受新兵訓練，訓練結束後，放了三天的榮譽假。今天是收假日，明天就要抽籤，決定分發的部隊了，不知是眞是假，聽說這次外島籤不少。就寢之前，大伙在寢室閒聊著。

「你們放假有去拜拜嗎？」左邊一位姓陳的同梯說。

「我昨天去我家附近的土地公拜拜，求土地公保佑。」

「我昨天去拜關聖帝君，聽說很靈驗。希望關帝爺保佑我明天能抽個好籤。」

大伙七嘴八舌，訴說自己這二天去廟裡的經驗。我聽到大部分的人都有去拜拜，祈求明神保佑，心裡暗叫不妙。

「我也有去我們那邊的鹿港天后宮拜拜。」右邊姓蔡的彰化兵說。

「哭夭！鹿港天后宮拜的是媽祖，那不就保佑你明天抽到馬祖的籤了。」旁邊的同梯說。

聽他一說，哄堂大笑，只見蔡姓彰化兵，整張臉垮了下來。我心裡想，雖然沒去拜拜，總比去拜媽祖的要好一點吧？想著想著，內心頓時覺得輕鬆了些。

隔天，各單位的選兵作業在上、下午各有一場，凡是沒被選走的人，最後一律參加抽籤。在各單位來選兵之前，還特別安排了中國信託的人，來解說軍人保險業務。

這些人顯然受了專業的訓練，能說善道，而整場聽下來，重點有三，首先是「天有不測風雲，人有旦夕禍福」，並舉了不少例子，來證明這件事。其次是「萬一出了事，國防部理賠金很少，一條人命只值八萬元」，一定要爲自己加保才行。最後的殺手鐗是「現在保費大優惠，如果事後被選進特殊部隊比如說『空騎旅』、『兩棲部隊』、『空特部』等等，由於單位性質危險，保費會比現在多將近一倍。聽說，這次外島籤很多，還有很多特戰部隊，都要來隆田選兵呢。」在這番話術之下，有三分之一的人，都爲自己的軍旅生涯，加購了保險。我是第一次聽到，有特戰部隊要來選兵，不免心中一沉。

像我這種大學讀教育科系的人，與軍中要選的兵員，專長相去太遠。爲了增加被選上的機會，早在前一年的暑假，我就去上了駕訓班，考上駕照。還跟母親學切菜、煮菜。希望能夠有機會當駕駛兵或是伙房兵。結果，事與願違。因爲，駕駛兵與伙房兵都是下了部隊再挑選的，與新訓中心的選兵無關。

早上的選兵作業，多半是國防部、陸總部這些上級單位，以及校選預士，也就是一些「後勤學校」、「化學兵學校」、「通信學校」等等的學校單位，受訓後具士官資格。說白了，這些都是比較「涼」的單位。套句隔壁同梯的話，沒有「證照或背景」，這種涼缺肯定是輪不到你的。所以，整個早上的選兵作業，我都沒有起身機會，只能呆坐原地。

到了下午，選兵似乎依然與我無關。我心裡才想，既然都沒機會被選上，那就等著抽籤吧。這時，一位軍官走上司令台，事情突然起了變化。

「大家好，我是空特部曾上尉，代表空特部到隆田營區選兵，這次名額不少，非常歡迎各位加入空特部的行列。」

「哭北，眞的有空特部，死啊。」旁邊的班兵小聲咒罵。

「空特部有傘訓特別加給，吃得好，睡得好，保證讓你的軍旅生涯，過得非常充實。還有，加入空特部，不用去外島。待會兒，身高在一六五以上，一七六以下，且乙種體位以上的，麻煩請到我右手邊集合。」曾上尉說。

聽到這些條件，簡直是爲我量身定做的，心裡頓時涼了半截。我只覺得腦袋「嗡」的一聲，整個世界瞬間進入無聲狀態，腳就像被釘子釘住，完全僵在原地。直到班長拿出資料，大聲喝斥，我才從無聲的世界驚醒，心不甘情不願的，慢慢往左邊走去。

「選兵前我照例先問一下，有沒有人要自願加入空特部的？」曾上尉說。

「自願？著毋是頭殼壞去工。」旁邊一位同梯用台語嘟噥著。

這時，只見前面第二排有個人，那是同連隔壁班的，姓簡，和我睡在同一個大寢室，這時舉起手來說「長官，請問進空特部眞的不用去外島？」

「我們的空特部有二個基地，分別在屏東龍泉，以及桃園龍潭，眞的不用去外島。」

「報告長官，我自願加入空特部。」他這句話一說出口，現場立卽爆出如雷的掌聲。據我所知，他已經結婚，當爸爸了，就爲了不想去外島，竟然自願去了空特部。

「我參加選兵那麼多次，你是第一個自願進空特部的，很好，家住哪裡？」

「報告長官，桃園平鎭。」

曾上尉滿臉笑意的說。

「我會在你人事資料上特別註記，說明你是自願進空特部的。總之，我想想辦法，看看能不能讓你下部隊後，直接分撥到龍潭去。」

「謝謝長官。」

他走出去之後，現場頓時又被低氣壓給壓得喘不過氣來。我平時連搭乘纜車、摩天輪，都有點害怕了。跳傘？想到這裡，我混身都起了雞皮疙瘩。我心裡想，就算去外島，也好過進空特部。

曾上尉拿著擴音器說：「你有深度近視，度數超過八百度以上的，請離開。」話一說完，只見行伍裡開始騷動，我看到很多戴眼鏡的弟兄，紛紛走出了行列，往剛才集合的地方走去。於是，我也跟了過去。這時曾上尉又提高音量說了：「沒關係，這些離開的人，在前方有醫官在等你們，現場檢查，確定你的近數度數，有欺騙情事者，通通直接送進空特部。」

被曾上尉在台上這麼一吼，九成九以上的人都打了退堂鼓，包括我在內，默默的走回原位。越走，心裡越感沉重。

「最後，如果有任何疾病，你認爲不適合跳傘的，包括任何不方便開口的隱疾在內，等會兒可以向二位醫官陳述，方便的話，就提供就醫證明，由醫官來判定。有上述這種情形的人，請出列說明。」

面對這最後的機會，大伙無所不用其極的想破頭，也要找出自己不適合進空特部的理由。有羊癲瘋（癲癇）的，有拉開衣服，心臟有開刀疤痕的，有高血壓的，有心律不整的，有呼吸方面過度換氣症候群的……。最後，這些身有「疾病」的人，都帶著一抹笑容，離開了我們，走回原集合地。我留在隊伍裡，心情盪到了谷底，竟不覺有點羨慕起他們來。還好，在最緊要的關頭，我的腦袋還能思考。我站起身，離開隊伍，向著醫官走去。

「報告長官，我高三打籃球時，腳踝受傷，右腳嚴重的脫臼過，撐了五個多月的拐杖。」為了把傷勢說得嚴重些，硬是將快四個月的時間，拉長成五個多月。醫官說：「這樣喔，把兩隻腳的鞋襪都脫掉，我看看。」

我當即先脫掉左腳的，再慢慢脫去右腳的鞋襪，讓醫官仔細檢查。看了看後，他示意我坐下，把腳伸直。比起左腳，我的右腳踝稍微腫了些，證明我的確脫臼過，沒有說謊，但他可能認為嚴重程度還好。正在猶豫之時，剛好曾上尉走過來巡視。曾上尉說：「這個不行啦，萬一跳傘一落地，腳就受傷，無法作戰，光是演訓就麻煩多多了，讓他離開吧。」

這無疑是我當天聽到最美的一句話了。我生怕有變，動作不敢太快，默默的穿上我的鞋襪，面帶嚴肅，不露一絲喜悅，慢慢往司令台前方走去。一直到選兵作業結束，我都沒有再離開過位置。可能因為是當年大專兵第一梯次結訓的兵吧？一個營五百多人，只剩下約莫三百人，參加抽籤，其他人都被各單位選走了。

抽籤時，阿兵哥逐一被叫到前台，背對著桌上的箱子，大聲報出「李大明，兵籍號碼地B〇四〇八六八，抽籤」。然後舉起手來，在無法看見的情形下，往後伸進後面的箱子裡，摸出一個象棋子一樣的東西，上面刻著英文字母，由長官確認後，塡入大張的報表上，只見英文字母後方，寫著九〇六八三這類的數字，據說是信箱號碼。所以說，就算抽完了籤，你依然不知道抽中了什麼部隊，駐紮在何處。

奇怪的是，每個代號都有二十多名，三十多名，甚至四、五十名弟兄，只有二個單位是個位數的兵員，我抽到的那個單位共有六名阿兵哥，另一個單位則是七位，這不知是吉還是凶？

回到連上，大伙你一言我一語說起今天選兵、抽籤的經驗。這時我旁邊姓呂的阿兵哥說：「誒，中山室不是有郵政信箱可以查？最少可以知道部隊駐紮地是關渡還是燕巢吧？」話剛說完，就有幾個人想往中山室走去。「不用去了，我剛才去看過，那張表被人收掉了。」另一個姓張的同梯說。那幾個人聽了之後，又走了回來。

「我哥以前是新訓中心的教育班長，他說抽籤之後，班長一定都會把郵政信箱表收起來，怕被阿兵哥知道，影響心情。聽說以前曾經有人因為知道自己抽到金馬獎，當天晚上就逃兵了。」一個姓范的彰化兵說。

大家聽了之後恍然大悟。當晚，大家互道珍重，並將東西收拾好，在黃補大背包中堆疊好。明天只要將臉盆和盥洗用具，反扣在上面，就可以背著背包上路了。

隔天，吃完早飯沒多久，所有人就被通知，待會兒要帶上所有東西，到大門口集合，等待各部隊前來帶人。不多久，看到一批一批的新兵，進入營區，原來是因為隆田有火車站，新兵可以乘坐火車前往駐紮部隊。所以，同屬官田二〇三師的新訓單位，包括官田、新中、大內的結訓兵，通通由卡車集中送到隆田來。這其中，包括新中代訓的空軍新兵在內，只見他們穿著天藍色襯衫，深藍色長褲，腳上踩著小皮鞋，背著藍色的大背包，整齊劃一的跑步進來，比起穿草綠服的我們，著實帥氣多了。沒多久，所有的兵都原地坐下，等待撥交。

一位軍官手持麥克風「單位九〇八七〇，請到我右手邊集合。單位九〇九三九，請到我左手邊集合。」只見一大批人，往右邊走去，另一大批人則被帶到左邊，分別進行最後的資料核對。核對無誤後，就交給各單位來的帶兵官，把兵員帶走。有的阿兵哥，在營區門口，就直接上了大客車。有些帶兵官則是整理好隊伍，往隆田火車站走去。

「單位九○七六七，請到我右手邊集合。單位九○九四八，請到我左手邊集合……。」麥克風叫號，人員集合、清點、核對、帶走。隨著撥交作業這麼一直進行下去，現場的阿兵哥越來越少。直到結束，隆田營區只剩不到六十個新兵。到了隔天一早，就有人來把剩下的兵帶走，整個營區就剩下我們二個單位，共十三名阿兵哥，沒有人來帶。第三天，第四天，依舊沒人來帶，處在這種狀態，大伙心裡都不踏實。

隆田是個老舊營區，我們剛進來時，就聽說近期要被收回了。所以，很多事情都儘量便宜行事，包括垃圾的處理在內。直接在大操場後方，距離操場邊緣不到三十公尺的樹林裡，挖一個大坑，整個營區都直接把垃圾往裡頭倒，在我們結訓時，坑也差不多快要滿了。後來，上頭下了一道命令，要班長們解決垃圾問題，聽說是因為營區收回的日期展延了。

而在樹林的更深處，距離這個坑不到五十公尺的地方，另外有個大坑。上頭交待的處理的方式，就是把大坑的垃圾挖起來，再倒進更裡面的那個大坑裡。這個任務，最後就落在我們這十三個尚未離營的阿兵哥身上。垃圾經過堆積、雨水、陽光，那味道不是臭能形容的，無奈，所有人只能拿出毛巾遮住口鼻，硬著頭皮上工。那幾天，每到用餐時間，大伙胃口都很差。

到了晚上洗澡時，全身抹肥皂洗了一遍，還覺得身上有臭味，於是，所有人都洗了二次，卻還是覺得不乾淨，後來發現，原來是一整天下來，鼻子裡都沾染了那股臭味。所以，最後都是洗二次澡，加上用清水沖洗鼻子，才解決了身上的臭味。

在那些天裡，我們成天都是在挖垃圾出坑、運垃圾、倒垃圾入坑中渡過，十三名待撥交的新兵，像是被人遺忘了似的。就這樣挖了十多天垃圾之後，班長終於說，明天有人要來帶兵了。沒想到隔天，確實有人來帶兵，但只帶走了另一個單位的七名阿兵哥。晚上聽班長說，那七個人是軍醫署的兵，算是「涼單位」，只不過是澎湖軍醫署的。我的天啊，竟然還是外島籤。而我們這六個人，竟成了一七一〇梯次，最後離開隆田的新兵。

那七名弟兄走後的第三天的下午，班長交待我們整理東西，有人要來帶兵了。只見帶兵官戴個眼鏡，核對資料後，帶著我們出了營區，直接走向隆田火車站，全程沒和我們交談，我們也不敢多問，他進站後自行購票，並將車票統一收了起來，所以沒人知道終點站在何處。剪票後，在第一月台候車，等了半個多小時候，上了復興號。從台南、嘉義、雲林、彰化、台中，一路往北走。

「已經到台中了，該不會要去馬祖吧？」旁邊姓徐的同梯說。因為大伙曾聽班長說過「如果往南走，進到高雄，那就是準備坐船去金門。如果往北邊走，到了基隆，那就是要去馬祖當兵了」。「不會那麼倒霉吧？」另一個姓林的同梯說。這時，原本瞇著眼休息的帶兵官，張開眼看了我們一下，所有人趕緊閉上嘴，不敢再說話。火車繼續往北開。眼看著，就要到桃園站了。

「準備下車。」帶兵官說。大伙異口同聲答：「是，長官。」哇，是桃園，不是外島，女朋友剛好就在桃園龜山教書，我心中不由得一陣歡呼。六個人隨他下了車，出了火車站，往左前方的桃園客運站走去。

「給你們十分鐘時間，所有人去買個東西吃。每個人可以打一通電話，給家人報平安，未來一個月是銜接教育，管制放假。告訴家人，我們的營區在桃園八德。十分鐘後原地集合，解散。」聽帶兵官這麼說，我才發覺肚子實在非常餓了，每個人都快速地捉起二、三個麵包和飲料後，衝到公用電話旁，打電話給家人。集合完後不多久，就上了公車，到了八德大湳的一個車站下了車，步行約莫二十多分鐘，帶兵官領我們進了營區。

高三腳受傷時，正值聯考前夕，除了要花時間治療外，還帶來生活上的種種不便，讓我在那段時間，心情非常糟。但誰能想到「塞翁失馬，焉知非福」？這件「倒霉事」卻在幾年之後，讓我避開了另一件「倒霉事」。在「塞翁失馬，焉知非福」的故事中，塞翁的兒子因爲摔斷腿，免服兵役，最後避免死於戰場的災難。我則因爲腳踝脫臼，讓我免去害怕的跳傘訓練，最後抽籤到了桃園。這件事讓我在年輕時，就對現實的吉凶禍福，有了不同的領悟，原來人世間的好事與壞事，未必是絕對的，在某種情況下，壞事竟然可以引出好結果來。

當天晚上，沒有參加晚點名，六個人被帶到一間較小的寢室，交由連部的一位士官管理，那間寢室外，就是營區的圍牆，牆外大馬路的另一邊，是一間占地很大的保齡球館。我睡在靠窗的上舖，保齡球館的霓紅燈一閃一閃的，打在我臉上。想著同梯的弟兄，有人在北邊乘船，到了馬祖，有人在南方搭船，到了金門，甚至再換船，到了更遠的小金門。同梯不同運，心中不勝唏噓，感觸良多。特別想起那位去鹿港天后宮拜拜的同梯，不知道有沒有乘船渡海？我的思緒就這麼翻來覆去，伴著一閃一閃的霓虹燈，久久不能入睡。

仙姑

有些事，就連玄奇的風水命理，都無從解釋。

世人無不愛財，不論是算命還是看風水，想求財，甚至求大財，總是許多客人的願望。爲人服務多年，卻有人反其道而行，由於太不尋常，令我至今印象深刻。

這是我在民國一〇四年風水調理的實際案例，委託人是曾老板，地點在桃園市的龍崗地區，這是一間占地頗大的網咖。建築物完成於民國九十六年，在三元九運的劃分下，屬於八運宅，經過我羅盤測量，得知此宅爲丙山壬向，青龍方（左邊）開門。

曾老板在此處經營網咖一年多了。我對照著玄空飛星圖，仔細審視開門位置與各處，開門處所納雙星組合爲四三，三碧星主破財、是非、糾紛。

「曾老板，你這間網咖很難賺得到錢，而且常常會有是非糾紛。」

曾老板聽了我的說法之後頻頻點頭：「你說得沒錯，生意確實不好，我用盡了各種方法宣傳、行銷，還是不見效果。除了生意不好之外，店裡也確實常常發生糾紛，有時是店員與客人發生不愉快，有時是客人與客人之間爆發衝突，這些是非糾紛，讓我非常困擾。麻煩劉老師指點指點，透過風水佈局，給網咖調理調理。」

這間網咖店面，是採用六扇大推門的開門方式，前方三個宮位的雙星組合分別是，左邊雙星爲四三，中間爲雙八組合，右邊雙星組合是六一。不僅如此，經我仔細的經羅盤測量，左、中、右三個地方皆爲丙山壬向，並無偏移的情形。

我告訴曾老板：「一個房宅的吉凶，開門的位置是非常關鍵的，不論是住家或店面都一樣，因爲門是納氣口，開門的位置，決定了房子所納進來的氣是吉是凶，是好是壞。」他回答：「所以，老師的意思是，這些情形都是因爲我開門的位置不好，是嗎？」

「我建議你改變開門的位置，房子左邊門的雙星組合爲四三，三碧爲破財星，才會導致生意不佳、是非、糾紛等情形。而中間位置是雙八組合，主丁財兩旺，非常吉利。納此門之旺氣，除了能對生意有所改善，還能徹底解決破財、是非、糾紛等情況。」

「一定要改門，沒有其它方法了嗎？」

「其它方法都比不上直接改門，此種改門的方法其實有其它的條件限制，一來，如果門前飛星沒有生旺之氣，則改門亦無效果。二來，如果其它地方偏斜了，不是丙山壬向，也會有差誤。三來，如果門是磚牆結構，則改門大費周章，需要將整面磚牆拉掉重來，一般人通常不願意。」我停了停繼續說：「所以，你的運氣還不錯，只要花點小錢，就能得到改門所帶來的好處。」

我向他詳細解釋這個改進方案。原本以為，他聽了以後會感到高興，沒想到他臉色有點閃爍，沉吟了好一會。我以為他是捨不得改門的花費，所以，我向他解釋，網咖這麼大，只要能把生意帶上來，花這一點小錢，根本算不了什麼。

只見他又思索了一會兒，終於說：「劉老師，你能不能不要把風水調得太旺，我比較希望，生意能夠細水長流就好。」

我不敢相信我的耳朵，只得再向曾老板確認了一次，他確實不想要我把風水調得太旺，生意太好，只要能比現在改善，能夠有錢賺，細水長流就好。

「我為人看風水多年，第一次聽到有人這麼要求。所以，我能否知道你為何提出這樣的要求？方不方便說說，讓我了解呢？」

他稍微整理了思緒，向我娓娓道來其中的緣由：「花錢改門不是問題。只是我人生中有好多次，因為突然在短時間內，賺了一筆為數可觀的錢之後，接著都會發生不好的事情，最後都賠錢了事，不但錢沒留住，還惹了一身事。類似的事情，幾乎屢試不爽。」他接下去說道：「印象最深刻的一次，是我在一、二個星期之內，因爲打牌手氣好，賺進了三百多萬。由於贏了錢非常高興，於是週末呼朋引伴，與朋友盡情飲宴，結束後開車回家的途中，發生了蠻嚴重的車禍，最後也花了快三百萬左右，才解決了這件事。」

「原來是這樣，眞是不可思議。」

「所以啊，自此之後，我只要短時間內大量進財，心裡就不踏實，生怕又有什麼事情會發生。而且，往往都會有災厄發生，必須花錢解決。總之，進大財會造成我很大的壓力。我後來更養成一個習慣，只要運勢太旺，我一定想辦法，讓旺運稍微停歇。」他接著說：「比如說，如果打牌，手氣太旺，我總是會告誡自己適可而止，不會像一般人趁勝追擊。若有一陣子大進財，我一定會停一段時間，不再進行相關活動，讓自己的旺運，稍微冷一冷。甚至到廟裡添個香油錢，讓財流出去一些。」

「原來如此，所以你才會提出這種有違常理的風水要求，不求大量進財，只要細水長流。」我邊說邊思考，該如何解決這個風水問題。反覆研究著玄空飛星圖，我告訴曾老板：「我還是建議要改門，改開右邊的門，因爲右邊雙星組合爲六一。財星一只是稍有生氣，不會太旺，能夠達到細水長流的目的。」

曾老板一聽非常高興：「好極了，我會儘快聯繫師傅，擇吉動工。」

由於這樣的要求，畢竟特殊。受到好奇心的驅使，我向曾老板要了他的出生時間，排出八字命盤後，眞象大白。原來，在曾老板的先天八字命盤中，他本人爲丁火人，火剋金爲財，他的八字命盤中欠缺金，也就是說命局中沒有財星。

八字命中無財的人，確實比較留不住財富，但像曾老板這樣，一有大財進帳，就有大事發生的極端例子，確實罕見，令我嘖嘖稱奇。

過了約莫半年，曾老板又請我到桃園市中壢區，另一處類似的生意場所，爲他進行風水調理。我笑著詢問曾老板：「這次一樣不要調得太旺，只要細水長流就好？」聽我一問，曾老板露出了笑容，頻頻點頭。

曾老板中壢風水案之後，短短不到三個星期，又接到一件棘手的風水案，棘手的原因，卻是與風水無關。地點就在苗栗的竹南，委託人是黃先生兩夫妻，在看風水的過程中，總覺得黃先生雖然表面上客氣，但始終繃著一張臉，我心裡想，也許是太太想看風水，先生不是太認同吧？

看風水結束，黃太太泡了壺茶，請我坐下，她表示還有問題請教。就坐後我說：「在風水上還有什麼不明白的，請提出來？」黃太太很客氣地提問：「所以，劉老師確定我家在風水上，不能算是是凶宅，對嗎？」我回答：「這個問題我前面已經說過了，這不是一間風水凶宅，只能說是財運退氣，成員容易產生筋骨方面毛病的普宅。」

黃太太追問：「請教劉老師，所謂風水凶宅，比較容易在人丁或財富上出大災難，而風水普宅照理來說，應該不會出大事，我這樣說，對不對？」我回答：「可以這麼說。」

這時，只見黃太太緩緩地從一個泛黃的牛皮資料袋中，拿出一張紙來，這時黃先生語氣不奈地長歎一聲，叫了聲「妳……」，接著表情嚴峻的瞪著黃太太。「你別管，我就是要問。」黃太太不甘示弱回瞪先生，口氣不悅的說。

在這種不尋常的氣氛之下，我也只得小心接招了。接過黃太太遞過來的資料，一看是張男姓的八字命盤，我對著黃太太說：「請問有什麼問題呢？」

「請問這是一個格局凶惡的八字嗎？」黃太太的語氣有些微的顫抖，我可以感覺到她試著壓抑情緒。爲了回答這個問題，我分析這個八字的旺衰和喜忌，定出了八字的用神，仔細的推敲。分析了一陣子之後，我告訴她：「這並不是一個格局凶惡的八字。這個八字的命主，只是脾胃消化系統比較差一些而已。」

「是的，他的確消化系統不好，自小時候就容易便秘，經常說肚子痛，也常常拉肚子。劉老師，請問這是一個小時候多災多病的八字嗎？」

「這只是一個命局普通的八字而已，算不上什麼多災多難。」我試著解釋：「小時候多災病的八字格局，除非年柱干支爲命局的大忌神，或是年柱干支是命局用神，在行大運時受到嚴重損傷，才有可能出現大的災病。」

黃太太急切地問：「這個八字有這種情形嗎？」我語氣肯定的回覆：「沒有。」她進一步問：「所以確定沒有小時候出大災的信息。」我回答：「沒有這種信息。」

聽我這麼說，黃太太再也忍不住，二行淚不停地流了下來。一時之間，我也不知道該說些什麼，就這樣，現場沉寂了好一陣子，只聽見客廳的大時鐘，一秒一秒行走的滴答聲。

終於，黃先生率先打破了沉默：「不好意思，這是我兒子的八字，多謝劉老師的解答。」他的語氣有點哽咽，稍停了一會兒，他繼續說：「我兒子在三年多前，國一的時候，有一天沒起來吃早餐，我們原本以爲他賴床，直到我太太去叫他時，才發現他已經身體僵硬，沒了氣息。」說到這，語氣越來越顫抖的黃先生，也忍不住流下了眼淚。

他稍稍平復情緒後，語氣柔和對著妻子說：「劉老師都已經說了，小孩子會這樣，跟八字沒有關聯。」

「我們曾經到處求神問卜，後來，聽朋友說，在高雄甲仙的山上，有一間宮廟，裡面有個通靈的仙姑，於是我們就開車，專誠去到這間宮廟。仙姑通靈以後告訴我們，這個小孩，原本是王母娘娘身邊的金童玉女，只因爲和我們夫妻有緣分未了，才投胎成爲我們的兒子。會離開我們，也只是因爲緣分盡了。他已經回到王母娘娘跟前，繼續修行去了。她叫我們不要再掛心，讓孩子安心去修行。」黃太太眼眶含淚，沉吟一會兒接著說：「劉老師，你認爲這種說法對嗎？」

黃太太這樣說時，我察覺到黃先生臉上露出了憂慮的表情，但顯然黃太太的表情，讓他不敢出聲。

我思考了良久，這樣回答她：「所謂一命，二運，三風水，就我的專業而言，我可以肯定的說，孩子的事，跟這些因素都無關。」我稍停了停後，繼續說：「至於其它的事，老實說，超出我專業的範圍。這方面，仙姑肯定比我專業，我相信她一定有她的根據，妳們應該要相信仙姑。既然她這麼說，你們就該試著放下，讓孩子可以了無牽掛，安心去修行。」

我說完之後，黃太太再度流下了淚水，向我說了句「謝謝」後，回房去了。最後是由黃先生送我出家門的。

「我太太因爲這事，患上了憂鬱症，已經斷斷續續看了好久的醫生，吃了不少的葯，這中間也到處求神問卜，想要解開謎團，直到高雄的仙姑說了那些話之後，她病情才漸漸好轉了。最近不知怎麼的，又再說起這事，堅持要請命理老師看看風水，看看孩子的八字，我很怕她的病情再起，所以反對這事。」他向我訴說太太的情形，從他的語氣中，我能感受得到他的憂慮。

「我擔心看風水和八字的過程，再度讓她受到打擊，無奈拗不過她，只得答應她今天的事。其實，我更害怕的是，老師來了以後，否定了仙姑的說法，我想到時一定會讓她的症狀再度惡化。幸好，剛才的回答，讓我可以放下心頭的大石。謝謝劉老師，晚上，我會再找機會，安慰安慰她。」

短時間之內，接觸到曾老板和黃太太二件風水，讓我對古人所說的「一命，二運，三風水，四積陰德，五讀書」，有了不同的體悟。尤其是關於「四積陰德」一項，我想很多人都誤解了它眞實的意義。

說得簡單點，所謂「積陰德」指的是，有些偶發的事件或狀況，（無神論者——相信世界上很多事情都是隨機的、偶然的。）或是力量（有神論者——認爲事出必有因。事件的發生背後必定有無形的力量），是超越於「一命二運三風水」之上，是在「一命二運三風水」的範疇中計算不到的。

不懂？舉幾個例子來說明，相信你就會瞭解了。試問，華航空難事件，難道那幾百人，包括機組人員在內，每個人都格局大凶，大運流年都不好？都走厄運？都會死於「空中折翼」（空難）？

再者，像韓國世越號沉船淹死那麼多人，這些人流年都不利？命中都忌水，所以才會死於水中？這些人的家中，風水都不佳？

老實說，這些事件，都不是透過個人的八字與風水可以算計出來的。「一命，二運，三風水，四積陰德，五讀書」這五個影響人生命運的重要因素中，所謂的「四積陰德」，其實就是泛指那些隱微難見、不可測度的因素。因此，神佛之事，我著實不懂，但看著一位無辜受折磨的母親，我打從心底願意她相信仙姑的話。

轉向

「時間過得眞快，今年的暑假就這麼結束了，唉。」太太伸了個大大的懶腰，長歎了一口氣。

「是啊，日子過得眞快，二個月一眨眼就過了。」我說。

「眞好，你還有二個多禮拜才開學。」

「是啊，跟小學相比，寒暑假都變長了。」

今天是八月二十九日，中小學暑假的最後一天晚上。大專院校寒暑假加起來，足足比中小學多了一個多月，也難怪她會羨慕了。一邊聊著明天開學的事，我一邊挑了支斯貝塞區的威士忌——格蘭路思十二年。我很喜歡格蘭路思的酒瓶，它的設計與衆不同，採用圓胖型的透明瓶身，拿出二只凱恩杯，在杯子裡各倒了點威士忌，沒有焦糖染色，呈現出金黃色的酒體，我舉起酒杯搖了搖。帶有些許香蕉，香草，以及各式青草的淡雅氣味，慢慢的散了開來，輕啜一口，還有莓果、柑橘、蜂蜜的味道在味蕾中散開，口感豐富而優雅，收尾帶有些許蜜瓜香甜與辛香料氣味，輕柔沒有負擔，非常適合收假前的氛圍。

她喝了一口威士忌：「不只是假期長，我一個星期要上二十二節課，還要帶班，勞役實在差太多。你的課那麼少，一半不到吧？」我微笑著也喝了一口酒：「十二堂課啦，還能領超鐘點費。」

「就別說小學事務那麼繁雜，除了活動多，老師都必須指導管理外，每天還要督導學生早自習與清潔工作，管理學生吃午飯和午休，還要開早會，還有班級經營，這些都要花費很多心力。還有，光是每天要改那麼多國語、數學習作，就讓我一個頭二個大了。你上課時數少，又不用帶班，還不用改這麼多作業，眞好。」她一股腦兒傾瀉不滿，我想是因爲明天要上班的抗拒感吧？

「小學確實事情太多、太累人了，累得我連看書做研究都沒時間。」我在小學教書多年，深刻理解當小學老師的辛苦。這也是我離開小學的重要原因。她故帶嗔怒說：「竟然這樣薪水還比我們高，沒道理。」我陪著笑臉：「是，薪資還比我在小學多了三成多。」

「不跟你聊了，你明天不用上班，我早上可得六點半就起床呢。」說罷，兩人把杯中剩下的威士忌喝完，刷洗就寢。

十多天後，我也開學了。第一天，導師們通常都會借用時間，處理一些包括訂書、搬書等等的雜務，我們這些沒帶班的老師就落得清閒了。研究室裡只有我和李老師，我戴著耳機，看著一些影片，加強學習命理風水。

「這麼認眞，開學第一天就在用功學習噢。」黃老師一進門，就對著門口最近的我說。不一會兒，顏老師也走了進來。

這間研究室包括我在內，一共有四人，都是教通識課的老師，我教國文，李老師是政大數學博士，教授數學課，顏老師是台大人類學博士，教授歷史相關課程，黃老師是清大化工博士，教的是化學。李老師爲人規矩嚴肅、正派穩重，黃老師爲人熱情洋溢、能說善道。顏老師博學多聞、興趣廣泛。學校因爲空間關係，通識老師都在通識中心有專屬座位，只有助理教授以上的，另配有研究室。一般而言，沒課的時間，我都在研究室待著，做我的研究。

我看到這個情形說：「一整個暑假不見，大家都到齊了，我來煮咖啡，大家聊聊。」大家異口同聲說好。

我將濾紙展開摺好後，放入可麗塔濾杯中，再將濾杯放在咖啡壺上。注水，用畫圈方式把濾紙沖濕，再把沖洗的水倒掉。接著把咖啡豆放進磨豆機中磨好，再將咖啡粉倒入濾紙，輕拍濾杯，讓咖啡粉表面呈平坦狀。拿著水壺，以極細小的水流第一次注水，先由濾杯中心開始，接著慢慢繞至外圍再繞回中心，這時，咖啡粉就像個泡芙般均勻地膨脹，香氣也整個著散逸開來，停止注水後讓它悶蒸一會兒，等膨脹的咖啡粉開始塌陷，再進行第二次、第三次注水，使萃取液滴落。

我把沖好的咖啡逐一倒進他們的杯子中，四個人就在咖啡的助興之下，聊起了暑假出遊的事。

黃老師先說：「暑假去了一趟美國，住了二十多天。」由於二個兒子都在美國加州讀大學，他照例帶著太太，到美國探望孩子，順道在美國西岸玩玩。接著我說：「暑假帶著家人，開車到南台灣玩了一圈。」李老師說：「一家三口，去了日本琉球旅遊。」說完，大家望向顏老師：「我帶著女兒，挑戰阿里山眠月線鐵路步道。」

李老師說：「看來，大家暑假都過得很充實啊？」我接話：「可惜老婆孩子先開學了，感覺都還意猶未盡呢。」這時黃老師笑著說：「有開始就有結束，今天開學第一天，一學期十八週的時間，一眨眼就過了。」顏老師接腔：「開學才第一天，就想到學期結束，會不會跳得太快了點？」聽他這麼說，大伙都笑了。

李老師問：「你們這學期的課多不多？」我回：「和上學年差不多。」李說：「我們有幾位兼課老師不來了，每個人分配到課又增多了。」顏老師說：「沒辦法，我們那組的課也變多了，因為有一個老師在暑假離職了。」李說：

「以我們組來說，就算再聘二個專任老師，都還剩下不少超鐘點的課。」

「少子化的浪潮之下，沒有人敢再增聘新老師，很多學校現在都是遇缺不補，兼任老師又比較省錢，沒辦法，這種事以後會變成常態，很多學校都儘量找兼任的，找不到就把課自行消化掉，再多養專任老師太不划算了。」黃老師接著說：「唉呀，現在外面一堆流浪博士，只能到處兼課度日，我們只是多上點課而已，再說了，又不是沒給鐘點費。」

黃老師喝了一口咖啡繼續說：「現在少子化之下，很多學校都面臨招生不足的問題，我們這種醫護類學校，畢業考上證照後不愁就業，招生很穩定，不必擔心學校關門，加上我們又是助理教授，學校講師還那麼多，要砍人也會從底下開始砍，我們根本不必擔心。」

李老師說：「是啊，像○○科技大學，聽說提出優退方案，鼓勵老講師離職。最近好像又要砍老師的學術研究費呢。」顏老師回：「沒錯，我聽朋友說，留下來的老師，研究費一律打八折。」

「所以啊，比較起來，我們在這裡已經算不錯了。沒事，繼續上課，很快，一轉眼又到寒假。」一聽黃老師說完，大家一邊笑，一邊不約而同的點了點頭。

聊了一陣子，黃老師有事先離開了研究室。眼看已經十一點半多，李老師為了避免人擠人，也下樓張羅午餐去了。全校的同事當中，我與顏老師最爲親近。兩人於是相約，走路到市中心用餐。

「土地公的事進行的怎麼樣了，一切還順利吧？」他問。

「測事方面越來越上手了，最近開始爲人八字論命了。」

事情要從二年多前說起，在我非常積極地學習各項命理數年之後，隨著專業知識的增長，心中產生了想以所學服務人群的念頭。於是就大膽貼出公告，利用每個禮拜六早上，在頭份鎮上的福德祠，開始以六爻卦，爲人免費測事。後來，加入了奇門遁甲與大六壬，測事的範圍和精準度也更加提昇了。風水，也從自己和親友開始，透過實際操作，逐步掌握判斷和佈局的訣竅了。而八字，可以算是我命理研究的最後一塊拼圖了。在學校的所有同事當中，我只跟顏老師提過土地公測算的事。

「再這樣下去，可以兼差賺外快了。」

「倒是沒想過兼差的事，但八字這種東西，一定得要透過實戰來磨合，不然永遠都是紙上談兵。現階段要做到像專業算命師那樣算八字，我還差得遠了，雖然學理上大致領悟到一個程度了，但是在實戰方面，我自知能力還遠遠不夠。」

「怎麼說？」

「我現在還沒辦法做到，當場分析一個人的八字，就直接開口斷事。」

「你剛才不是說你已經開始爲人八字論命了嗎？」

「沒辦法，現在只能用的投機取巧的方法，來爲人算命。」

「什麼投機取巧的方法？快說來聽聽。」

「我會先要求對方把八字資料給我，告訴對方，我必須回家查對八字、分析資料，等下個週末，再來聽結果。然後，我再趁這幾天的時間，利用所學的理論，好好分析八字，老實說，要能從抽象的八個干支，分析出事情來，確實不是件簡單的事，這過程很費心神的。」

「那用這種方式進行，過程順利嗎？」

「算是勉強進行。因爲約莫會有二成的人，隔週沒再出現，無從驗證對錯，等於白費功夫。其它的，每下一個斷語，就能驗證所學，簡直一翻兩瞪眼，非常刺激。只是還有一個問題，短期無法解決。」

「什麼問題？」

「就是把事先分析的內容講完之後，基本上就結束了。一但對方開始提問，我就沒有話可以講了。」

「那你怎麼辦？」

「只能先想辦法從六爻卦、大六壬和奇門局中，找尋信息來應對了。而且，因爲後面有人排隊，每人的時間有限，我可以掌握局面，儘快結束話題。靠這樣應付過去，所以我說勉強進行，就是這個意思。」

「原來是這樣啊，命理這種東西太難，這我是不懂，你現在遇到什麼困難？」

「我覺得現階段所遇到的瓶頸有三個，一是因爲對八字模式不熟悉，這點就透過現在這種方式，逐步加強就行，二是需要背的東西太多，最少也有二百多個符號意義，需要記誦，一時尚未消化，所以對信息的提取水平有限。三來，運算速度不夠快，因爲八字往往必須考慮很多的點，比如宮位，六親，喜忌，用神，生剋，神煞，十二狀態……，才能說出一條斷語。運算速度不夠快，往往就容易卡住。」

「哇，這麼複雜，光聽你說的這些，我就一個頭二個大了，這個挑戰確實不簡單。」

「所以說，要成爲專業算命師，還有一大段路要走呢。」

「不過，既然知道問題出在哪裡，就比較好解決了，這些困難只要多花時間，多積累實戰經驗，我相信你一定能一步一步克服難關。」

「但願如此。」

說話間，兩人已經來到市中心，商量之後，找了家北方麵食館，解決午餐問題。

我自那時起，又足足用功了約莫半年多之後，已經達到不用事前先分析八字，要當事人隔週再來的水平了。而就在那個星期六的上午，爲一個想要創業的人指點迷津，我驀然發現，在論斷的過程中，我不用再投機取巧了，我的八字命理，眞的達到了隨問隨答的專業程度。更令我想不到的是，這個問答，敲開了我自己的人生迷障。

春末時分，問測者是陳先生，他從事電子業，最近才被裁員，想要自行創業。

「這個問題蠻複雜的，從命理的角度認眞說起來，必須擁有四大要件。」一聽我這麼說，陳先生馬上問：「哪四大要件？」我回答：「影響創業是成功的四大要件，就是內容、時間、人物、風水這四項。風水暫且不論，從八字上，可以處理其它三項問題。」他報出時間，我馬上利用萬年曆排出了他的八字命盤。他這個八字的「用神」是月干己土。

「創業想做什麼項目？獨資還是合伙？」

「沒有合伙人，還在考慮，目前傾向於開飲料店或賣雞排炸物，如果飲料店可以，打算熱天前開業，如果雞排炸物比較好，那麼在天涼後，就得開業。不知道這些項目適合嗎？」陳先生邊抓頭邊說。

「賣飲料五行屬水，在這個八字中，水是忌神，不好。雞排炸物五行屬火，火可以生用神己土，是喜神。以項目來說，賣雞排炸物要優於開飲料店。」他聽我這麼說，興奮的回答：「所以賣雞排炸物比較適合我，比較容易成功，對嗎，劉老師？」

「內容物是沒有問題，關鍵出在時機不對。」他聽我這麼說，臉馬上垮了下來：「怎麼說？」我拿出一張紙，把這幾年的流年干支寫出來，詳細說明給他聽。

「你的用神己五行屬土，今年是癸巳流年，運勢平平，明年甲午，後年乙未，甲和乙五行皆屬木，木會剋土，明後二年是你流年不利的時機，如果要在這時機創業，想成功會非常困難。接下來的流年，丙和丁五行屬火，火能生土，流年有利，到那時再來創業，比較容易成功。」

「那我現在該怎麼辦？」

「萬事起頭難，選擇壞的時機開始創業，只會難上加難。電子業五行屬火，對你來說是不錯的。建議你在電子業中，再找工作，忍耐二年，等待好的時機，再來創業。」

「還好，反正我資金也還沒投進去，既然你這麼說，我就先找工作再說了，謝謝劉老師的指點。」

當天騎著鐵馬回家，心中非常喜悅。終於，在努力多年之後，我命理專業最後的一塊拼圖——八字——也已經到位了。卜卦，風水，算命，三項學術齊備，已經具備了一個專業命理師的資格了。週末晚上，我把這件事與太太分享，她也為我多年苦學有成，感到高興。

隔天晚上，由於明天要上班，正準備早點就寢呢，腦袋裡突然之間竄出了一個念頭「如果今天想創業的主角換成是我，我會給對方什麼建議呢？」不料這一問，卻把自己逼入了一個困境。

「命理師屬於獨資事業，沒有合伙人的問題，而就內容來說，我這個八字完全適合，風水部分，我也能自行佈局催旺。但時機呢？一步大運管十年，我現在在這步大運並不是一步吉運，而在這步運當中，唯有明年開始的四年時間，屬於運勢上升的流年。一旦錯過，得再等下個循環，也就是十年以後，才能再碰著好流年，屆時，我也已經五十多歲了。真等到那時，我想，也就安安穩穩多教幾年書，不必出道了。」

隨著「放棄大專教職，當一個專職算命師」這個念頭浮現，讓我一連好幾天，晚上都失眠。內心不停的拉扯著，最後，只能靠著不斷告訴自己「多年辛苦的成果，怎捨得放棄？」、「錢多課少地位高，算命師怎麼比？」、「創業不易，安穩度日豈不好？」、「萬一失敗可沒有退路呢」、「家人肯定反對」等等理由，硬是把這個念頭給壓了下來。但遇到某些時刻，這個想法還是偶而會浮出水面。

二個星期之後的某天晚上，是太太班親會的日子，按照往例，會後她會買小孩愛吃的章魚小丸子回來，所以，小孩都非常期待班親會晚上的宵夜。九點多，她回到家，我準備了自釀的德式小麥啤酒，和她一起享用。

「怎麼樣，這學期有沒有碰到什麼恐龍家長啊？」

「目前爲止，倒是沒發現有這樣的家長。」

「怎麼回事，今天感覺妳心情特別好？」

「還記不記得我跟你說過，父母都是高學歷，上課卻感覺有點跟不上其他小朋友的那個小孩？」

「記得，開學時妳還爲了這事，跟他媽媽通過了幾次電話，確認她有帶去鑑定過，智商並沒有問題，也沒有發展遲緩的情形。」

「對，就是那個小男孩。當時抄聯絡薄也不會，下了課也不會跟人家玩，老覺得他跟不上學習步調。你那時勸我，有些人只是走得比較慢，要多點耐心。我於是趁著他奶奶還沒來接他的時間，每天花半個小時，慢慢的說，耐心的教，二個多月下來，終於快要跟上大家的步調了。今天，他媽媽有來，特別感謝我對他孩子的付出。」

「難怪，回來之後，笑容沒停過。」我舉起杯子喝了一大口啤酒：「在這點上，小學老師比大學教授有價值多了。」我心裡想，應該趁著她今天心情特別好，把想當算命師的事，好好跟她談談。

「怎麼說？」

「大學教授對學生的影響力很低，遠不如小學老師。」我挾了塊章魚小丸子放進嘴裡，過了一會兒接著說：「身爲一個小學老師，與同一班的學生相處時間長，我可以感覺到小孩子在我的教導之後，不論是數學、國語、體育，乃至於觀念方面，學習的成果。一個月、三個月、半年、一年，你可以從孩子的眼神中，感受到他們在各個領域的成長。就像今天那個小男孩，短短二個多月，妳的努力就能提升他的學習，對他產生影響。」

「這倒是。」

「大學教授穿梭於各教室授課，學生只是一個星期來上二、三小時的課，目的是要拿學分。這過程說白了就是，學生上課、學生下課、教授考試、教授給成績。老師對學生根本沒什麼影響力。況且，大專學生的專心程度，遠不如小學生。有的精神不濟打瞌睡，有的上課滑手機，有的跟旁邊同學說話。說眞的，工作的價值和成就感，遠不如小學老師。而且，小學生學習態度好，也比較尊重老師。」

其實我心裡眞正想說的是「相較於教書老師，我更加喜歡做一個算命師。因爲每個花錢請我算命的人，都會很認眞的聽我分析，態度上肯定比學生更加客氣、尊敬。而且能夠透過專業，對別人產生助益，發揮更大的影響力。」由於不想破壞氣氛，這些話還是沒說出口。

「錢多，課少，假期長。」她喝了口啤酒繼續說：「而且教授社會地位高，你沒發現，自從變成教授後，在參加婚宴酒席時，親友常常都會特別介紹你的身分嗎？再說，在小學那麼忙，你哪有空做你喜歡的學術研究？」

我點點頭：「確實，小學不可能讓我有那麼多時間做研究。」她爲這個話題下了個結論：「我們的價值感，多半來自教學，你們的成就感，比較多是來自於在學術研究。所以說囉，每種工作各有甘苦，想著優點，不要只看缺點那一面就好啦。」說罷，兩人都笑著舉起了杯子，開懷暢飲。聽她這麼說，我一時間之間，還是沒有勇氣把想當算命師的念頭說出來。

時間又過了一個多月，時間來到學期結束前一個多月的某天中午，國文科舉行通識會議，主要是針對下學期的工作分配，還有一些科務方面的討論事項。成員一共有十多人。討論事項告一段落後，接著就是一些瑣事和經驗交換的時間了。

「學生的教學評鑑結果通知書，你們都收到了沒？」D老師問。

「收到了。」其他人回答。

大專院校實施教學評鑑多年，其中由學生評鑑老師的「教學滿意度調查」，是許多學校用來考核老師教學品質的重要參考。D老師所指的，就是學生評鑑老師的結果。學校會要求學生評鑑分數低於平均值的老師，塡寫檢討單，說明改進策略。

「有沒有人像我一樣，拿到檢討單。」D老師手舉著一張表單晃了晃。有二位同事回應，他們也拿到了檢討單。

「就因爲學生不專心上課，有人在講話，還有人給我看手機，多唸了二句。

還有，規定要繳交報告，要寫作文，都不交的就要當掉。他們不滿這些要求，就給我評鑑分數難看，害我要寫檢討表。」D老師拿起筆來，邊嘟噥邊寫：「沒關係，檢討單就寫『不要唸學生』、『不要當學生』、『不用交報告』、『儘量不要求學生』……。」

D是公認教學認眞的老師，聽她這麼說，大家紛紛出言安慰她。其實，大伙都知道，這類教學滿意度調查，不只衝擊師生關係，更會導致校園瀰漫顧客導向的氛圍。當大學老師有如服務業，不只老師尊嚴受考驗，在這種惡性循環之下，學生其實也是受害者。D老師教學熱忱受到打擊，就是最好例證。對此，我不免感到有點悲哀。

「妳算是厲害的了，還能堅持到現在，我早就死心了，從來不對學生有什麼要求。」T老師邊說，邊拿出她袋子裡的『重裝備』展示，對著她說：「妳就像我買一個這種功率比較大的喇叭，聲音開大一點，學生就算說話，都會被我的聲音蓋過去，根本就不用唸學生，其它的，就讓他們自求多福囉。」

聽她這麼建議，大家都笑了出來。由於長時間說話的需要，很多老師，包括我在內，都會自備麥克風與小型喇叭。但T老師的重裝備確實威力驚人，我有時隔著二、三間教室，還能隱隱約約聽到她上課的內容。而從大家的笑容中，不難想見，大家應該都領教過她這重裝備的威力吧？

「還有一件事要麻煩大家幫忙。」這時，S老師說話了：「班上的學生和國文老師相處上有點問題，關於細節，在這裡不方便透露太多。但我已徵得W老師的同意，不知有哪位同仁願意幫幫忙，接手我們班下學期的國文課。」沒有人接腔。她看了這情形，只能說：「爲了不耽誤大家時間，我私下再拜託各位了。」原來，W老師開會請假未到，是因爲這個原因。

會後，S老師找上了我，向我解釋：「因爲學生上課不認眞，W老師好意說了他們幾句，要他們用功讀書，這一說就說了足足半堂課。不到二週，又發生類似事件，W老師又訓誡了二十多分鐘，這次就有學生忍不住回了幾句，導致和W老師之間，言語上有點衝突。這些學生，本來要將W老師的教學評鑑打不及格，但有人顧慮到，這樣做會害W老師被學校找麻煩，最後才沒有這樣做，但他們在班會上，強烈要求更換老師。能不夠麻煩劉老師，接下這個班級？」

「不好意思，我平時要做研究，寫論文，實在沒有空間再多接一班。」在衆多老師中，我的課堂數是最少的。我當然不能告訴她，除了寫論文之外，還需要大量時間研究八字命理，尤其最近經過了大半年的努力，運算速度也提昇了不少，相信假以時日，我一定能夠更上一層樓。這時更需要投注心力，所以，我是眞的沒時間。

S老師見說不動我，又思考了一會兒說：「劉老師這樣好不好，你把手上的一班丟出來，和W老師交換這班，這樣可以嗎？算我拜託你，幫我解決這個難題啦。」既可以不加課，又可以幫忙解決問題。想了一會兒：「既然這樣，我就接下這個班吧。」看我答應，S老師道謝連連。

D老師和W老師的事，讓我心情非常沮喪。不禁想到，自己從小學開始到博士班畢業，一共讀了二十三年書，難道就是爲了現在這種欠缺尊重的生活嗎？這個疑問又讓「轉行當算命師」這個念頭，再次占領了我的思緒，又讓我夜不安眠了好多天。

經過多日的掙扎與沉思，終於，在一個週末的夜裡，喝了幾口威士忌之後，我終於忍不住，把這個想法告訴了太太。半晌，兩人自顧自的喝著酒，沉默與酒香，飄散在這個小小的書房中。

終於，她率先打破了沉默：「你的意思是，你不當教授，想做算命師？這可是你苦讀多年書才換來的啊，眞的捨得放棄？」

「其實，從小學老師變成大學教授，對我來說，提昇的只是薪水與社會地位而已。工作的價值與成就感卻不升反降。說實話，我沒那麼喜歡當大學教授。」

「爲什麼會這樣想？你這麼突然，讓我完全反應不過來。」

「教授這個工作，的確讓我有時間做學術研究，但是現在，學術研究的價值感，在我心中好像越來越低落了。」接著，我把這些日子以來，發生的事、想法，還有自己對流年的分析，通通告訴了她。她聽了以後，沉默了很久。爲了和緩氣氛，我先開口了：「我們班總共只有二個人讀完博士當教授，妳算是選到績優股了。如果我變成算命師，這下子可就從績優股變成水餃股囉。」太太是我師範學院的同班同學，聽我這麼說，她忍不住笑了出來。

「你有想過嗎？如果眞的改行當算命師，初期的收入，一定比不上現在。而且，可能永遠都比不上。」她沉默了一陣子之後說。

「當了算命師以後，一定全力以赴，我相信自己的能力。至於收入問題，有你一份固定薪水頂著，應該暫時不會有問題。」

「我覺得，人到了中年，卻放棄積累已久的基礎，想著去創業，未免太不智了。小孩子正需要教育，花費只會越來越多，我們都有責任。你或許只是一時衝動，應該再好好考慮考慮。再說了，每個人的工作都有苦水，忍忍就過去了。老實說，放著現在的好日子不過，卻要重新起頭去當算命師，風險實在太大。我相信過二天，你冷靜下來之後，就會覺得自己不切實際了。」

聽完她的話，我也覺得不無道理。一堆博士在外流浪，我卻想要放棄，可能眞的太衝動了。

過了幾天，找了一天晚上，我單刀直入的，不死心地向我母親提出這個想法：「老媽，說實話，妳花了那麼多心力，栽培我讀完博士，出來當教授，如果有朝一日，我放棄教職，改當算命師，妳會不會覺得很失望呀？」

「這個喔？」她停頓了一下，我感覺心跳加速：「枉費我栽培你讀到博士，既然早知道要做算命師，就不用讀那麼多書了，國中畢業就可以去學算命了，還可以早點賺錢呢。別傻了，又不是頭殼壞掉，教授不做要做算命的。」果不其然，她強烈反對這個想法。她又停頓了好一會兒：「你做父親的人，有栽培孩子的責任義務，做算命師，收入肯定比不上教授。」

可能覺得氣氛有點僵吧？等到我快上樓時，她說：「你去土地公算命的這些日子以來，好多個鄰居在閒聊時，都向我提起你，都稱讚我有一個很厲害的兒子。你當算命師的能力應該沒問題，但是，現在貿然轉行，風險還是太大，你孩子那麼多，萬一有個閃失可不好。不如等你時間到了，辦理退休，再來當算命師，這樣又不會有風險，豈不是面面俱到？」

那幾天，我不斷的想著她們的話，我能體會太太和母親，都是爲了我好。經過對話之後，我的念頭又被迫壓入心底。「轉行風險的確太大，再多想想吧，不要貿然決定。」我這樣告訴自己。

隨著八字論命水平的提昇，我爲人指點迷津時顯得更有自信，當然，也就更敢於下斷語了，就在與問測者的一問一答之間，我論命的範圍也隨之擴大，同時加深了我對八字命理的瞭解。週六測算的人越來越多，導致因爲先後順序問題，竟起了爭執。最後廟方只好仿照醫院，以號碼牌確認問測順序。但由於問測的人實在太多，場面還是有點混亂。最後，我只能以號碼牌限制人數，並將服務時間，由原本的九至十一點，延長至十二點，才勉強解決了這個問題。

隨著自己能力的增強，問測者反應越來越好，越發覺得自己當算命師的成功機率，在不斷的提昇。於是，先前的那個想法，又開始浮上心頭，而且一天比一天更強烈。偏偏就在這個時候，像是說好似的，冒出了朋友請客的事情來。

朋友姓陳，歷史學博士，以前也在這個學校服務，現今在中部一間科技大學教書，說要請我吃飯。二人約在新竹的一間餐廳。

我問：「什麼喜事要請客？」他回答：「副教授升等證書下來了。」

從助理教授升等副教授，薪水約莫多了近萬元。這是我教授生涯中的另一個痛點，我們二人同一年拿到博士學位，我甚至比他更早一年就升等了，但就在拿到證書之前，學校突然頒佈新的人事規定，玩起「高階低聘」的遊戲，意思就是雖然升等，依然用舊的職級來聘任，據說，近幾年來，有不少學校都這樣做，目的無非爲了節省開支。

面對好友的升等，心裡當然爲他感到高興。因爲每個教授升等的背後，都是數年勤勤懇懇學術研究，耗費心力撰寫論文的結果，然而，對比之下，我的辛勤付出，在實質層面一無所獲。所以，一方面爲朋友高興，一方面心裡卻感到不平和無奈。只能以「文章千古事，得失寸心知」（杜甫），激勵自己堅持學術研究的價值。所以，即便遭逢這樣的待遇，我依然不氣餒，繼續努力研究、寫論文。但他接下來說的事情，卻在不知不覺中，爲此事投下了一枚震撼彈。

「我跟你說個有趣的事。」

「什麼有趣的事？」

「我不是跟你提過，我用簡帛研究（通過古墓裡的竹簡與帛書研究古代歷史）申請到國科會計劃的事嗎？」我點點頭後，他繼續說：「那個計劃申請到的經費不少，裡面有編列研討會的項目，最後，我們爲了消化經費，找了一間台中的五星級飯店，租用了會議室，辦了研討會。」

「然後呢？」

「那個會議室，容納三百人以上應該沒問題。爲了這個研討會，我們廣發邀請函給各大學文史哲的系辦，還有一些研究單位，邀請他們來共襄盛舉，畢竟，簡帛研究近年來算是蠻熱門的。」他停了會兒，兩人喝了口啤酒：「其中一場研討會，我擔任引言人，一位中正歷史系的副教授發表文章，另一個台大教授當評論人。台上一共三位教授。你猜來了多少人？」

「怎麼，盛況空前，擠爆現場？」他一聽，笑著舉起了右手，伸出三根手指：「台上三個，台下也只有三個人。我估計著，那三個恐怕還是發表人的指導學生呢。最後，因爲經費充裕，我們還將研討會論文集，用精裝書皮加上燙金字體製作，看起來非常精美。」說完，二人哈哈大笑。

回程，在火車上，想起這個研討會的事，我似乎感覺心中某些東西正在崩塌。那幾天，我忍不住把我發表過的文章，拿出來重新看了看，也上了博客來網站，看到我多年前出版的「王充哲學的再發現」一書，竟然還有得買，想想當初只印了五百本（我還拿回數十本充當稿酬），竟然賣了近十年還沒賣完，看到這個結果，似乎讓我更加肯定心中的念頭。

教學一點都沒有成就感，學術研究也失去了價值感，當教授的優點就只剩下「錢」而已。難道只爲了安逸的理由，就要一輩子從事這個越來越不喜歡的工作，直到退休嗎？聽從內心眞實的聲音，放膽踏上征途吧！
心中的吶喊，一天強過一天。終於，找了個兩人下午都沒課的日子，我約了顏老師吃飯喝酒，想和他聊聊此事。兩人照例走路去，選了一家海產熱炒店，由於每道菜分量不少，所以各選了三道菜，還向服務生點了海尼根啤酒。不多久，客家小炒、塔香螺肉、三杯田雞、保宮皮蛋都已上桌。
「來來來，先乾一杯再說。」我說罷，兩人舉杯喝光杯中的酒。
「肚子有點餓了，先吃點東西墊墊肚子再說。」
接著，我把近日發生的事情，像電影快轉般的，向他訴說了一遍。他的成長背景和我類似，都是由單親媽媽帶大的的小孩。所以，有些事情，很容易同理對方。果然，他非常能理解我母親的看法，因爲他母親也一樣保守謹愼。
「老實說，當初去土地公服務時，純粹只是想利用六爻卦，去幫助別人而已，還眞沒想到在短短幾年間，就能夠克服命理研究的各項難關，走到今天這一步。」我說。
「那是因爲你有易學的底子。別人學習要三年，你可能半年就領悟了，一切都是機緣吧！算命風水這一行，有市場潛力，時運不佳的人，想要知道何時才能轉運，時運好的人，想問何時能更上層樓，只要能力夠，打開局面之後，肯定不差。而且可以不受別人管制，生活自由自在。」他說完挾了一塊皮蛋送入口中。

「問題是時間如果再拖下去，都五十多歲了，也甭費心了。自己替人指點迷津，卻不相信自己對本身命運的推算，這不是很矛盾嗎？唉！」我長歎一聲，舉起杯子，兩人乾了一杯。接著說：「我就乾脆直接問一句話，在不主動提出辭職的前提下，我能否有什麼辦法達成離職的目的？」

「只要你打定主意了，方法倒也不是沒有。」我聽了後眼睛一亮：「我就知道你對各項法規比較瞭解，一定能給我『指點迷津』，快說來聽聽。」聽出我在開玩笑，他「啐」了一聲，二人吃了塊田雞，又乾了一杯。

「你有沒有發現，前陣子在前後校門口，以及刷卡機的附近，多裝了監視器。」我點了點頭。他繼續說：「最近不是有同事代人刷卡被記過嗎？你知道這事吧？」我回：「這些事我都知道，然後呢？怎麼做？」

「學校這一連串的措施，說明它要加強管制了，你只要利用法規，排到的課照上，但不刷卡，設法造成自己曠職累積三天以上，應該就能達到『被動辭職』的目的了。」他挾了口客家小炒：「這道菜今天下手太輕，不夠味。」

聽他這麼說，我也挾了一口客家小炒：「確實，廚師今天下手太輕了。」二人舉杯喝了一杯：「然後呢？萬一最後記個過或是教我寫檢討表了事，那豈不是白費心機了？」

「剛才所說只是第一步，接下來才是重頭戲，不論學校要你寫檢討表，或是各級的教評會要你列席報告，你都一概相應不理，不出席也不解釋，坐等學校的處置，最後應該就能達成目的。」說罷我點點頭：「這樣應該沒有問題，還是你比較有辦法。」

「而且你還可以提起行政訴訟，因爲事實上你沒缺課，只是沒刷卡，這中間有模糊地帶。只是這要委任律師，依照行情，一審要花個十萬八萬的。」二人一邊吃菜，同時乾了一杯：「這沒問題，花一筆錢請專業人士來處理，我就能專心做我想做的事。到時再拜託律師，儘量把訴訟時間拉長，不要太快有判決結果。」聽我這麼計劃，他點點頭。

「如果打贏，學校除了復職以外，還得賠你薪水呢。但我要提醒你，雖然以前打行政訴訟，有人贏過，但是近年來，教育部似乎不想管事，勝訴的機率，越來越低呢！」

「這倒無妨，既然決定離開教職，就不想要回頭了。關鍵是能達成被動辭職的目的，到時還能對我家人有個交待，就推說少子化之下，學校精簡人事，爲了省錢，從高階老師開始砍人。於是我花錢請律師，爲我討公道。而打官司曠日費時，就順水推舟，展開自己的算命人生。勝訴與否，並不重要。」

「你能理解就好。現在是網路世代，得靠網路宣傳，你應該要成立部落格，分享算命經驗，慢慢就能打開名氣，到時候自然有人上門找你算命。」他停下來喝了一大口酒繼續說：「另外，你應該在土地公外顯眼的地方，做一個大招牌，告知以前來測算過的人，你已經開業了，自然就能把顧客導入，這些年所累積的人氣，就能成為你的第一批顧客，再由這些顧客的傳播，產生後續的效應。在這二個策略加持之下，踏穩第一步，絕對沒問題，來，乾一杯，祝福你易學事業成功。」我感謝他的建議與祝福。就在這觥籌交錯之間，我已經確定日後的路該怎麼走了。

隨後的日子，果然就照著當初設計的劇本走。我「被辭職」之後，拿出了相關文件，向太太和母親陳述學校的不公對待，算是交待了這件事。緊接著，找了律師，寄出了存證信函，開始行政訴訟的流程，這一切就交給了律師。終於，我卸下了教書老師的身分，專心做一個算命師。

朋友的提議很不錯，其中關於部落格的部分，我早已開跑，做了快三個月了，與此同時，我也結束了土地公問測的服務。但關於招牌的事，心裡總覺得，當初純粹是想爲大衆服務，才去土地公的，現在如果設立招牌，好像顯得當初別有目的似的，這與我的本意不符，所以，最後並沒有聽從他的建議。

當算命師之後，研究了二週，我發現免費的網路平台，不利於日後的經營，於是選擇了WordPress這種部落格軟體和內容管理系統，來建構網站。接著，我買了幾本相關書籍，加上網路上的影片與文章，終於慢慢把自己的網站建立起來。然後把原先發表在部落格平台上的文章，一一搬到自己專屬的「易簡知命堂」網站。

事已至此，就要勇往直前。風水也是創業成功的關鍵，於是，爲了改善風水，我拿出了一筆錢，把一樓土石結構的牆面，整個拉掉，換上六扇式的拉門，就外表看，比較像生意場所，眞正的目的，則是爲了改變「納氣口」，將原本右邊開門的納氣結構，改成了從左方納氣。因爲，左方納氣對「進財」比較有利。

此外，家人也爲了我的事，動了起來。我自行設計了海報和折疊式名片，由母親出面，到他常去的商家，以及親友在街上有開店的，說明緣由，讓我們可以在店面顯眼處張貼海報。於是，街上的一些美髮院、中葯房、自助洗衣店等，都有我的海報出現。不僅如此，母親上街買菜或聚餐時，還有太太去大潤發購物時，都會隨身帶著我的折疊式名片，碰到熟人，或是孕婦（名片上有特別說明新生兒算命與命名的資訊），就會替我發送名片。

我也沒閒著，找了一個週末的傍晚，我帶著就讀國中的大女兒，到竹南的運動公園，二人各揣著一疊名片，我教她先微笑著向人點頭，看到對方也微笑回應，就趁機將名片送上，尤其看見懷孕的女人，更要立即微笑的遞上名片。於是，二人分頭進行，在偌大的運動公園，努力遞送出名片。過了四十多分鐘，大女兒到了約定的地方，與我會合。

「爸爸，我看到剛才那個孕婦，把你給她的名片，順手就丟進垃圾筒了唉。」她指著前面那個穿著紅色碎花孕婦裝的女人，和旁邊的垃圾筒。

「唉呀，沒關係啦。」

「還有，我剛才在發名片時，有二個孕婦看了名片之後，直接給我白眼，也有孕婦直接語氣很凶的跟我說『不需要』，還有人直接走開不理我。」她的語氣充滿著沮喪。

「不要放在心上啦，就像我們走在街上，碰到發傳單的人，我們有時候也會不感興趣，直接走開一樣。今天發了那麼多張名片，總是會有效果啦。」我雖然心中也有點不好受，還是試著安慰她，並帶她到公園對面，去吃了一碗她很喜歡的芒果綿綿冰。

出乎意料，大伙辛勞了整整一個多月，卻還是無人上門。看來，這一番努力，一點效果都沒有。不得已之下，想起了朋友的建議，二週之後，我花錢做了個大招牌，付了租金，在頭份土地公旁的金香店三樓，豎立了一塊顯眼的大招牌，確保所有進出土地公的人，都能看到，招牌上還特別用紅色大字標註了「原土地公週六測事的劉老師」字樣。不僅如此，我還花了錢，印制了單張海報，連續在頭份與竹南做了幾天夾報廣告。錢也花了，廣告也作了，依舊不見效果。隨著時間一天一天過去，心情不免越來越低落。

睡前，一個人喝著悶酒。太太見狀：「在喝酒？幫我也倒一點吧。」我替她拿了個杯子，倒了些威士忌。畢竟多年夫妻，她看出了我的苦悶：「才剛開始，生意不好是正常的，別沮喪，一定會越來越好的。」

「這可難說，在隧道裡行走了那麼久，遲遲看不見一點亮光，誰知道還要走多久？」

「剛開始名氣還沒打開，要多點耐心。」

「可不能一直這樣，現在沒有收入，要怎麼養家？」

「別心急，還有我一份薪水支撐著，你放心，生活不會有問題的。」

「話可不能這麼說，萬一情形都沒有改善，那我不成了個吃軟飯的傢伙。

況且，小孩越來越大，不會覺得爸爸整天在家無所事事，都靠媽媽在支撐這個家嗎？這樣下去，我一定會讓小孩都看不起的，我可不想當這種爸爸。妳心裡一定想著，早知如此，又何必當初？」她見我沒好氣，只好默默的把酒喝完，說了句：「我明天要上班，先去睡了。你別太晚睡了。」就離開了。

這一段日子以來，我充分領悟什麼叫「理想很豐滿，現實很骨感」。偏偏該努力的都做了，結果竟然是這樣。心裡想著，好好的教授不當，跑來當什麼算命師？當時不知是被什麼東西鬼迷心竅，才會做了這個蠢決定。無人上門，自己都快養活不了了，還談什麼「命理助人」？想到這裡，心中愈感苦悶，酒也不禁越喝越多。

太太知道我肯定睡得很晚，索性把鬧鐘關了，讓我多睡些時間。一覺醒來，我對她感到有點抱歉，心中自我打氣，一定要好好振作，不能輕易被打倒。「難道是因爲廣告做不夠大，所以效果不好？那是不是該考慮做電視廣告？那可要花好大一筆錢呢。」心裡這麼盤算著，終於，迎來了第一位上門的客人。過了一個多星期，又來了一對夫妻爲孩子的婚宴擇日。結束時，我特意詢問他們是經由何種管道，才得知信息的，第一位說是在中葯房看到廣告，第二位說是美髮院老板娘介紹。客人的回饋，讓我暫時打消了電視廣告的念頭。因爲，我隱然覺得生意不好與花錢做廣告之間，有些東西是我沒搞明白的。至於那是什麼？我自己也說不出個所以然來。

幾天之後發生的一件事，似乎把我給敲醒了。那天，母親去早市回家，吃午飯時，她提到了家裡附近那位老算命師。

「你看，那個老算命師都知道你開業了，遠遠地看到我，還是笑著臉跟我打招呼，多親切啊。你太嚴肅了，客人上門，你都繃著一張臉，生意怎麼會好？」我沒好氣的反駁：「算命師靠的是學術專業，跟做人親不親切有什麼關係？」草草吃完午餐，上樓去了。

按照習慣，我打開鹵素爐，將虹吸式咖啡壺的下座放上去，待水滾了後，把裝好現磨咖啡粉的上座與下座結合，導管連通，這時，開水從導管進入到上座，攪拌幾圈，待時間差不多了，再將咖啡壺從鹵素爐移開，降溫後，趁機再攪拌一次，煮好的咖啡重新進入下方。我把上下座分離之後，倒出咖啡，霎時，整個書房，都充滿了衣索比亞咖啡的香氣。

我習慣中午睡個所謂的「咖啡覺」。也就是先小啜幾口咖啡，並利用咖啡的香氣蒸騰之下，閉目小睡二十分鐘。可能是受到午餐發生的事情所影響吧？今天睡的不太安穩，而就在張開眼睛的一剎那，一個念頭忽然閃過心中「算命可不是教書做研究那套，算命可是一門生意啊。如果不脫下學者教授那件無形的長袍，我最終恐將淪落為魯迅筆下那個放不下身段、可憐的『孔乙己』了。」

想通這點，我好像瞬間「開竅」了。「包子做得再好吃，沒人上門購買，沒人知道你，最終當然只有失敗關門一途。」有道是「隔行如隔山」，做生意必然也有做生意的竅門，我壓根就是個門外漢，實在有必要好好研究、學習。這樣才能知道該如何制定有效策略，遇到困難又該如何改進。

一個轉念，讓我豁然開朗。於是，發揮我研究的專長，透過博客來，花了二萬多塊，把市面上有關「行銷」的書，都買來研究。包括部落格行銷、瘋潮行銷、超級行銷、口碑行銷、情感行銷、病毒式行銷、無恥行銷、標靶行銷、社群媒體行銷、叛逆行銷、無體行銷、極簡式行銷、內容行銷、故事行銷、行銷戰爭……等等。

慢慢的，隨著行銷的概念逐漸清晰，我開始理解到，行銷書裡的不少概念，其實並不符合我的需求，原因是我這個行業的特殊性。一個人吃到好吃的餐點，會上臉書推薦給朋友，去到美麗的景點，也會拍照上傳，讓親朋好友知道。但絕對沒有人會在社群媒體，讓別人知道自己去算命，更不可能公開推薦。

了解這點之後，我開始理解我的行銷方式，為什麼會失敗，為什麼夾報、廣發名片等等措施會無效。了解這些後，自然也就放棄電視廣告，這種花大錢卻不見效的行銷方法了。沒有讓人對你產生足夠的信任感，就不會有人上門算命。於是，我將行銷鎖定在釋出讓人感興趣的內容，以逐漸得到顧客信任的「內容行銷」上，並將重心轉向了網路。

然而，部落格的流覽量，在努力多日後，卻始終不見起色，每天就只有二十多次的流覽量。結果就是，我依然沒有解決無人知曉，沒人上門的困境。心情很是煩悶，想到「三個臭皮匠勝過一個諸葛亮，」於是，一個週末的中午，約了顏和陳，到新竹一家精釀啤酒餐廳吃飯，而且拜託他們，赴約之前，花點時間，仔細看看我的網站，給我點意見，到底問題出在哪裡？

點菜前，我先說了：「先說好喔，今天我有事麻煩你們，由我買單。」不料顏說：「我們說好了，你剛開業，生意肯定有限，今天由我們分擔，你只管吃就好。」好朋友的體諒，讓我倍感溫馨，我點了點頭，接受了他們的好意。

「唉，部落格都看了沒有。」兩人都點點頭說看過了。我接著問：「你們看出什麼沒有？流量每天都在二十多徘徊，始終突破不了。問題到底出在哪裡？」

顏問：「部落格的文章，都是在土地公幫人測事的例子嗎？」我點點頭：「對，都是這些年在土地公測事的實例。」他又問：「都是卜卦，沒有八字或風水的例子？」我問答：「測事的實例算是比較早期的，像這些比較特別的卜卦例子，我先前都有做記錄，趁著還有點記憶，趕快先把它寫出來，陸陸續續還會補上其它的實例。」

「你看，就算我對命理有興趣，但我想看的是八字，但網站上只有卜卦，我可能轉頭就走，下次也不再光臨。有人如果想要看風水文章，好不容易來到你的命理部落格，稍微流覽，發現沒有風水內容可看，也會迅速離開網站，只有占卜，打擊面太小。總之，你的網站留不住人。何況是那些對學習命理沒興趣的人，更不可能看你的網站了。」顏說。

「很有道理，面向太窄，是我網站一大致命傷。我應該要趕快補上八字、風水相關文章。」

「我覺得，如果一開始就設定要吸引想學命理的人，那網站流量肯定很難提昇。」陳停頓了一會兒，提出了另一個角度的看法：「難道不能吸引不想學命理的人，也進來部落格看文章嗎？有沒有哪些內容是跟命理有關，但和學習命理無關，而一般人都會感興趣的議題，可以讓你的專業有發揮空間呢？」

顏說：「哇，這個意見很好，是個值得努力的方向。用專業的角度，解答一般人關心，卻又不解的疑問，這種文章點擊率肯定不錯。」我也點點頭：「確實，眞的是一語驚醒夢中人。那你們能不能幫我想想，有那些題目可以寫？」我趁機提出了這個問題，頓時令大伙陷入沉思。

陳率先想到：「現在網路算命蠻流行的，如果寫類似『線上算命準嗎？』或是『那一種網路算命比較準？』一定會有不少人想看。」我趕緊拿出了紙筆，把這些題目寫了下來。接著，顏說：「說到流行的東西，可以寫『改名字改運有用嗎？』，還有『剖腹擇日到底有沒有用？』這類開運相關的文章，可以接著寫下去，肯定比較多人看。」我一邊點頭，一邊把這些意見記下來。

陳接著說：「可以教大家該如何算命，如何看風水，比如『算命該怎麼提問？』，還有『看風水該包括那些項目？』」顏說：「也可以幫大家解答一些有趣的問題，例如『紫微和八字哪一種比較準？』、『佛教徒、基督徒算命準不準？』、『命帶桃花是什麼？』，這些問題，大家一定比較感興趣。」就在大伙腦力激盪之下，那天中午，一共想出了二十多個題目，這些題目，日後大大拓展了文章的廣度，對網站的經營，有極大的助益。

「除了題目以外，還有一個問題，我覺得很重要。」我聽了趕緊請教。顏繼續說：「你部落格的文章，寫得『很學術』，對我們這些平時看慣了論文的人倒是還好，一般人恐怕會看得很吃力。」

陳應和著這個看法：「對對對，我也覺得應該要更貼近普羅大衆才對。想要比較多人來流覽，『陽春白雪』只能孤芳自賞，要會演奏『下里巴人』才行，你文章中充滿了什麼奇門遁甲、大六壬的專門術語，什麼休門、天心星、螣蛇、勾陳，我們看的人只覺得好像很厲害，老實說看不太懂，曲高和寡的結果，就是流量上不來。」

「看來，這是我網站文章很致命的弊病，我回去好好想想，這部分該如何解決。謝謝你們，今天眞是收穫良多。」兩人同聲回答：「不客氣，我們都希望你能成功。」我示意大家舉起杯子：「來，乾杯，感謝你們的祝福，下次換我請客。」

回家的路上，我腦袋裡不斷地產生了很多新想法，爲此，我感到興奮不已。晚上，我把同樣的問題拿來問太太，請她仔細再看看我的網站，給我一點意見。

「說實話，整篇文章，我只看測算人的遭遇，算命的過程，還有最後的結果。你文章裡那些命理術語，還有怎麼推斷的說明，因爲都看不懂，基本上我都直接跳過。說白了，我只把它當故事看，其它的都沒興趣。」

「哇哈，妳的看法和我朋友的意見不謀而合呢。看來，這確實是流量提升的一個致命傷。」接著，我把朋友的意見，告訴了她。爲何大伙都能看出我的問題，唯獨我卻視而不見呢？

把朋友和太太的話，反反覆覆想了許久之後，我終於想通了，關鍵就是轉行之後，卻依然抱持著以前「教書老師」的想法，心態沒有調整，這樣當然會失敗。終日幻想著，我只要學理精深斷得準，顧客自然上門求測，抱持這種想法寫文章，卻不知道貼近一般人的生活「需求」，當然無法得到人們的「信任」。說白了，就是心態「高高在上，不接地氣。」

這時，只見太太似乎想起了什麼，轉身就離開了小書房，往前面的大書房走去，過了一會兒，她拿著一本書進來：「你看，像這樣的書，有故事性又有趣，一般人比較喜歡看。老實說，你的文章太硬了，不容易看得懂。」

我接過來一看，是侯文詠的「大醫院小醫生」。我以往都是看學術研究和命理專業的書，對這類「閒書」接觸甚少。我翻開第一篇的「拼命拍馬屁症候群」來看，隨即被作者詼諧風趣的敘事風格所吸引，讓我看完一篇，還想接著再看下一篇。而且，在這有趣的故事中，還能引發讀者深思故事背後的意義，我深深地被書中的故事給打動了。更重要的是，看了此書之後，讓我更加肯定剛才的想法，也徹底了解自己文章的缺點，以及今後該努力的方向。

隔天，我發揮研究精神，依據這樣的需求，找尋其它作者類似的著作來研讀，最後，上了博客來，買了侯文詠另一本著作「離島醫生」。還有呂秋遠律師「試煉」等二本著作，以及秦嗣林老板的四本「二十九張當票」。

我用了足足二個星期的時間，全心反覆研讀這八本書，獲益良多。秦老板也好，呂律師、侯醫師也罷，他們都是專業人士，都是他們那行的傑出人物。雖然從事的行業不同，但他們都是用一般人容易理解的方式，解釋複雜的專業知識。他們的作品讓我體認到，這種「以簡御繁」的手法，才是眞正的高手。更重要的是，他們透過講故事的形式，讓內容更有「溫度」，更有「人味」，而不再只是當舖交易、法律攻防，以及冷冰冰的醫療過程。

在經過這麼久的思考和摸索，我終於確立了今後該努力的二件事，一是如何利用行銷策略，以「專業」爲核心，建立自己的「品牌定位」。二是貼近人們需求，學習如何用說故事的方式寫文章，增加流覽量。釐淸了自己的努力方向之後，我彷佛隱隱然看見了遠處隧道盡頭的光亮。

就在我逐漸消化了數十本有關行銷的書籍，確立了品牌定位之後，我將「易簡知命堂」正式改名爲「博士命理」，並從朋友所建議的題目爲出發點，開始寫作一系列命理方面的解惑、闢謬文章。還有一些關於居家風水鑑定自己來、買房子風水要點、什麼房子不能買等等懶人包形式的文章。此外，我嘗試著從先給出價值的角度，撰寫了諸如淨宅要訣、風水招桃花秘訣，居家風水佈局要訣，以及每個月按時發表的，免費入宅和交車吉日文章，從一般人的想要知道的內容爲出發點，撰寫文章。

除了那八本書之外，爲了增加說故事寫文章的能力，我還廣泛收集類似的作品來研究。在這些作品當中，對我幫助最大的，就是明代末年馮夢龍所著的「三言二拍」，還有日劇「深夜食堂」，這些都是說故事的經典之作。在這些作品的薰陶之下，漸漸的，我的文章不再只有專業的術語，和硬梆梆的命理斷語，而是人物和情感的流動。

二個月之後，太太主動告訴我：「我覺得你的文章比較好看了，我跳過不看的內容，也沒以前那麼多了。」我聽了很高興：「確實，我也有這樣的感覺，雖然文章還是有點學究氣，但整體來說，比以前好太多了。而且網站後台的分析數據也顯示，跳出率持續在下降，網站停留時間慢慢增長了，還有流量，也從每天二十多上升到六十多了。」

「既然如此，那就表示方向對了。」

「方向正確，那我更要好好努力寫文章，讓更多人看到我的網站。趁勝追擊，從下週開始，我要提高發文頻率，堅持一個星期發表三篇文章，盡力把流量拉上來。」

終於，在一週三篇文章拼流量的努力下，短短二十多天的時間，網站的單日流量就破百了。在此之後，流量就緩步穩定成長了，不多久，就站上了單日二百的台階。雖然生意依然沒有起色，但看著網站流量的增長，我已經沒有那麼心急了。我知道，只要持續努力下去，總有一天能夠突破困境。果然，就在努力發文二個多月後，單日流量突破了三百，也終於，出現了第一個遠道而來的客人。

楊先生是台北市人，因爲看到網站，並仔細讀了網站中的多篇文章之後，親自來到頭份。楊先生今年約四十歲，戴了個黑色細框眼鏡，英俊斯文，談吐不俗，說話條理清晰，且較之平常人，多了一股恬靜的氣質。

透過八字命理模式，仔細分析了他的八字和大運後，廣泛的探討了有關工作、財運、健康等面向，以及現階段大運的發展和注意事項。接著，由他提出問題，我試著從八字中找出答案，就在這一問一答的論命過程中，他反饋我斷得很準，但他臉上的表情，卻有愈來愈沉重的感覺，這令我感到不解。

到了快要結束的時候，只見楊先生沉吟了數分鐘之久，我心裡想，大概他在思考著還要問些什麼問題吧？於是我也就默默的，等待著他的提問。只見他悠悠的說：「劉老師，今天眞的非常感謝你指點迷津，整個論命的過程，帶給我不小的震撼。」但楊先生接下來說的話，卻不同於一般人的感謝之詞：「剛才沉默了許久，其實是在思考要不要說。」我以爲他是有什麼想問，於是回答：「沒關係，有什麼問題你儘管問。」

「我在大學時期，就已經開始接觸佛法，而且隨著修行的加深，讓我更加堅定學習佛法的信念。三十歲左右，我就已經決定要出家了，只是考慮家中父母，因此，想要先盡完爲人子的責任，才放手追求自己的理想。」他停了停，喝了一口茶繼續說：「老父親前不久過世了，現在只剩老母親要奉養。等待母親百年之後，我就可以心無掛罣，專心出家修行去了。」

「原來是這樣子，難怪你四十歲尚未結婚，卻又不問感情之事。」

「只是萬萬沒有想到，將近二十年的潛心修行，並沒有讓我擺脫命運的束縛，還是依循著既定的軌道，在走人生的路。」楊先生向我請教：「一般不是說佛教的修行能有改變命運之功，不受命運的牽制嗎？難道說是我的修行不夠努力，才有這種結果？」

「這跟你修行是否努力無關，一個人想要『跳出三界外，不在五行中』談何容易？只要你尚未成佛，就必須受到陰陽五行的制約。剛才的論命過程，已經充分地證實了這點，不是嗎？」

思索半晌，忽然之間，只見他深鎖的眉頭打開，整個人也清朗了起來。楊先生鄭重的點點頭：「今天感謝劉老師的指點，既論命理，也談哲理，讓我受益良多。祝福劉老師易學事業蒸蒸日上，能嘉惠更多的人。」

看著楊先生離去的背影，我心中不免有些悸動，在他的感謝中，我充分感受到為人指點迷津的價值，也讓我在自己所選擇的道路上，重拾信心。

說也奇怪，楊先先的金口，彷彿為我打開了一扇門，自此之後，新竹、台北、新北、台中、南投、彰化、嘉義……等地方，陸陸續續都有人上門來了。

「人生，總是在你意想不到的地方，突然轉了個彎！」

身為一名師範學院公費生，原以為會一輩子待在小學，直到退休，就像我其他同學一樣。因緣際會之下，努力進修拿到博士，這時，我的人生理想，就是靜靜地在大專院校的一隅，當一名學者，一面教書，一面從事最愛的哲學研究。卻沒想到，在大專擔任專任教授十一年之後，意外開展人生新頁，最後成為專業的命理師。

人生突如其來的拐了個彎，讓原本每天只在家庭和學校二點一線之間移動的生活，卻中年一變，成了乘坐高鐵「穿州過省」、四處為人看陽宅、調理風水的風水師。每到了年底，高鐵票竟然累積成了厚厚一大疊，以前安靜的學者生涯，恍如昨日，想到這裡，又豈能不感慨呢！

老實說，這樣的身分轉變，在當時根本無法預見。到了叉路口，才發現人生還有其它的可能性。當教授時，我日復一日穿梭於各個班級，但不論是陶淵明的「桃花源記」，或是蘇軾的「赤壁賦」，上課不過就是按表操課，只是輪流在四個班級各講一遍，今年教的課和去年，乃至於前年的內容，並無二致，對我來說，一點都不費力。當了算命師以後，客人來自四面八方，每個八字一展開，都像是一道未解的謎題，等待我去挖掘、分析，給出意見，這過程耗費心力，也充滿了挑戰性，一點都不輕鬆。

但幸好，我走到人生的分叉口時，雖然也會猶豫，最後卻沒有貪戀平穩舒適，留在原本景緻一成不變的道路上，而是選擇了勇敢轉向，朝著自己的目標前行。

國家圖書館出版品預行編目資料

窺命：20個與命運交手的啟發／劉謹銘著. --初版.--苗栗縣頭份市：劉謹銘，2023.8
面；　公分
ISBN 978-626-01-1379-7（平裝）
1.CST: 命運
293　　112008497

窺命：20個與命運交手的啟發

作　　者　劉謹銘
校　　對　劉謹銘、林美玲
發 行 人　劉謹銘
出　　版　劉謹銘
351 苗栗縣頭份市銀河三街20號
電話：（037）671078
設計編印　白象文化事業有限公司
專案主編：李婕　經紀人：張輝潭
經銷代理　白象文化事業有限公司
412台中市大里區科技路1號8樓之2（台中軟體園區）
出版專線：（04）2496-5995　傳真：（04）2496-9901
401台中市東區和平街228巷44號（經銷部）
購書專線：（04）2220-8589　傳真：（04）2220-8505
印　　刷　基盛印刷工場
初版一刷　2023年8月
定　　價　360元